窓外の暗黒に突如
オレンジ色の光が疾ったかと思うと
忽ちその線が膨らんで
オレンジから　黄　青の
グラデーションの帯となって拡がった

アディスアベバにあと一時間という刻である

さあ　アフリカだ

カメルーン・ヤウンデの空港にホスト家族がお出迎え　ついに来たよ

水汲み
重いものは
頭の上

混沌のカメルーン
赤い土　デコボコの坂道
バイクタクシー

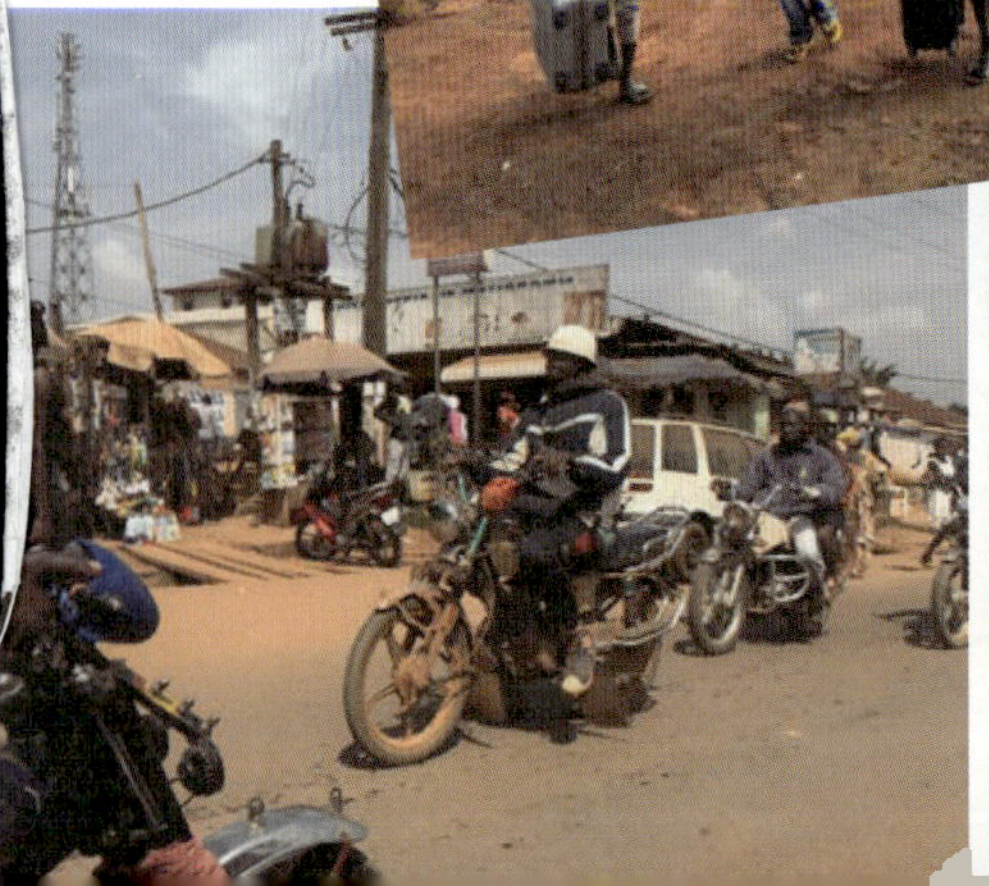

洗濯物
砂利の上に
広げて干す

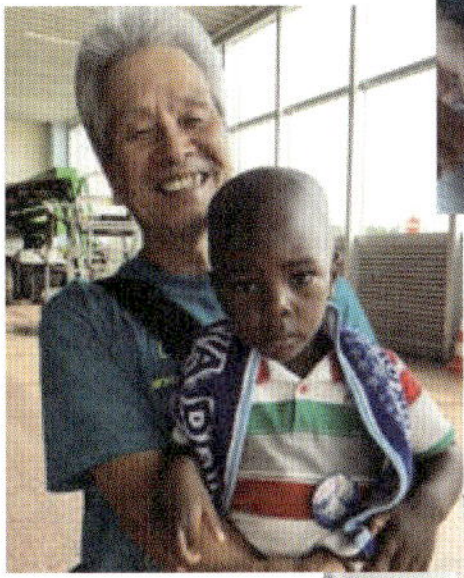

Cher mon petit

お土産の
オリジナルＴシャツ

働く女性たち
鶏をさばき
虫の羽をむしり
物を売り
そして子どもを育てる

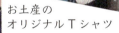

学校や幼稚園訪問
通学路は足場の悪い急な坂道

壁にはちょっと不思議な絵がいっぱい

笑顔！歓声！

教室に近づくと
聞こえたきた
歓迎の歌

7日間のホームステイ　２５０の部族　２５０のことば
楽しい！美味しい！*Très bien!*

オクラのスープと
フフ

カメルーンビール♡

虫の炒め物と
プラントゥン（甘くないバナナ）
食べ物は新鮮で素朴
懐かしい味

何でもマネして一緒にやる
そして仲良し

何人でも乗るし何でも運ぶ

不便なことも笑っているうちに *all OK!*

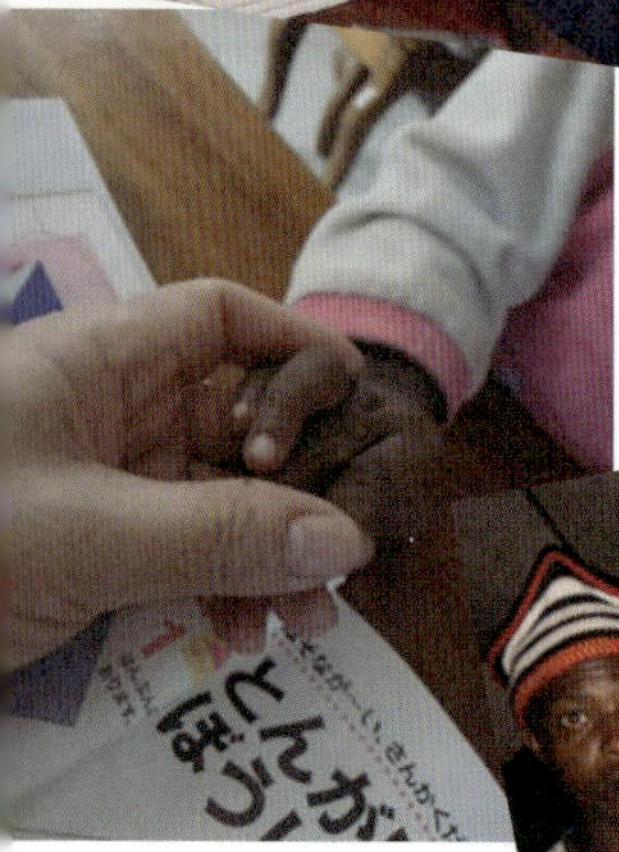

手と手も仲良し

ホストファミリーの
家族みんなが大集合！
with アフリカンビート！
Sing Along! Dance Along!

ヒッポファミリー交流会が
カメルーン国営放送（Crtv）の
ニュースに

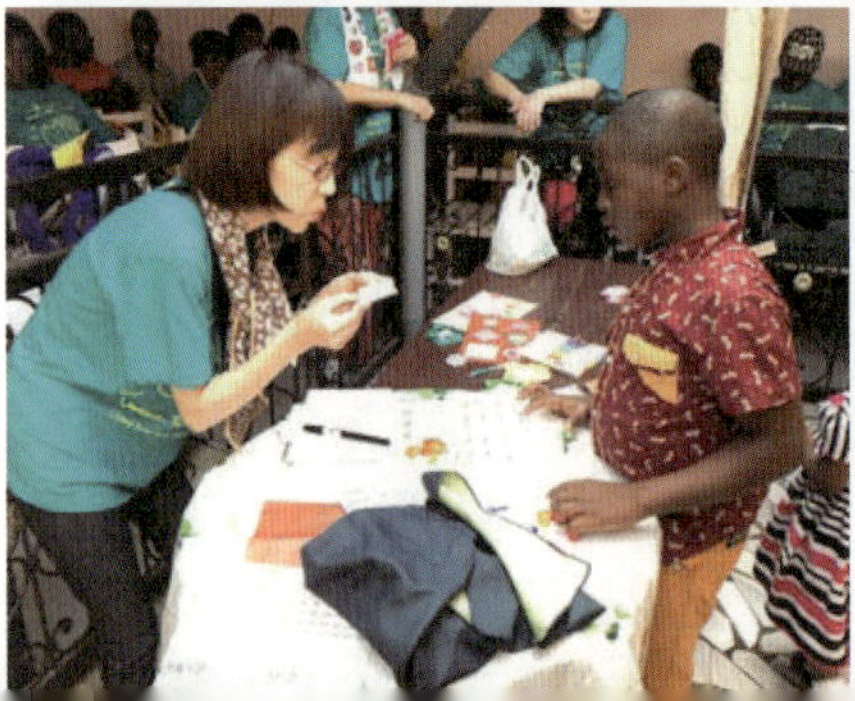

ひどい渋滞
２時間遅れて始まった
さよならパーティ
Au revoir

Smile
Hug
See you again

再见

Allons-y pour TOGO!

小さな飛行機の
機内食
パンとパンとパン

海に面した首都のロメ 砂浜にヤギ？！

トーゴ・ロメの国際空港到着

ロメでの交流会
トーゴの演奏とダンス
日本のソーラン節
ソイヤッ！

トーゴビール♡

交流会での演奏

仕立屋さんの目印◎

パリメの街
市場では
勝手に写真を撮ると
叱られるヨ～

野生の大トカゲ
売られていく鳥たち

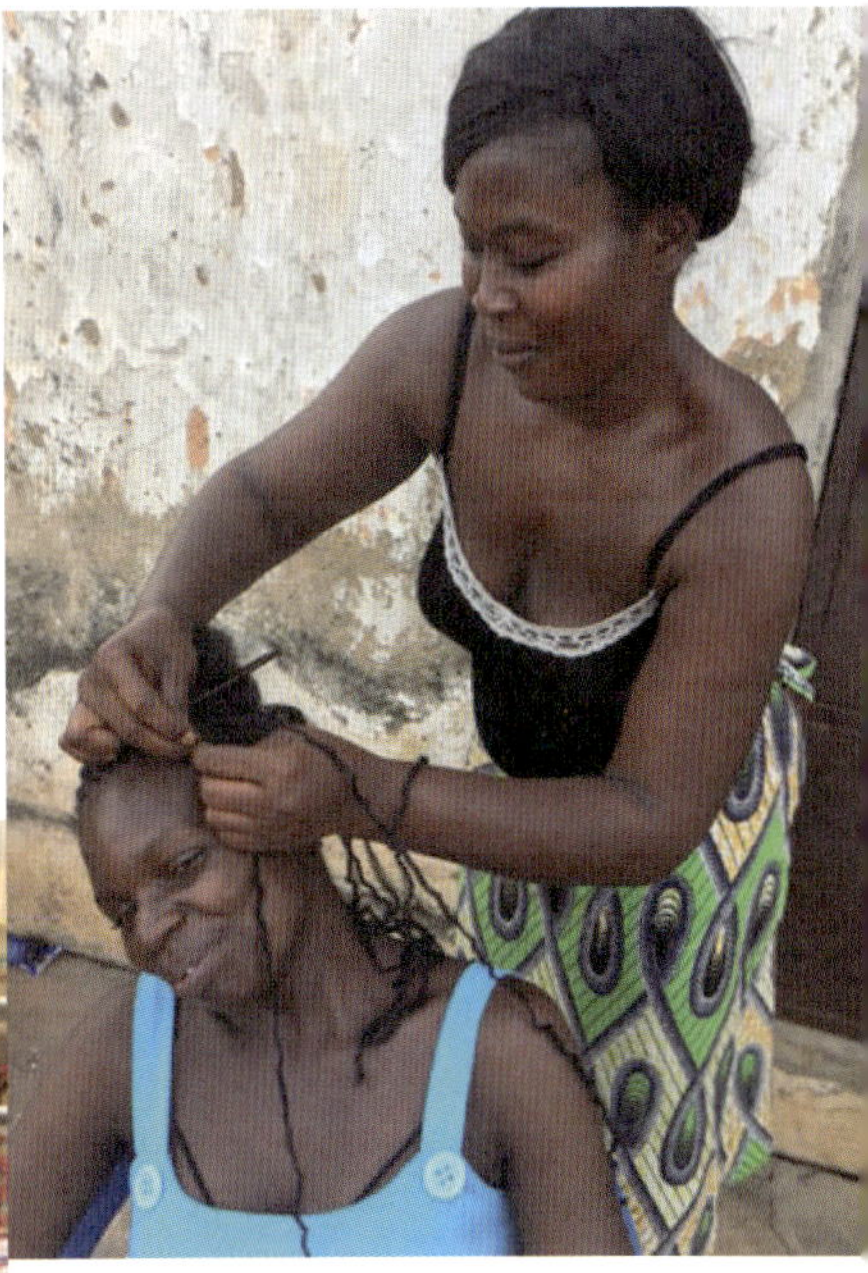

トーゴでの日々
～帰国後、2018 年 4 月 27 日
於トーゴ大使館
トーゴ独立 58 周年記念式典で
紹介した映像～

トーゴ水
美味しい!?

トーゴ伝統料理の
フフ作り
日本の餅つきみたい
ペッタン！ペッタン！

フフ作りは
要リズム感

トーゴパン LOVE

日曜日の朝は
おしゃれして教会へ

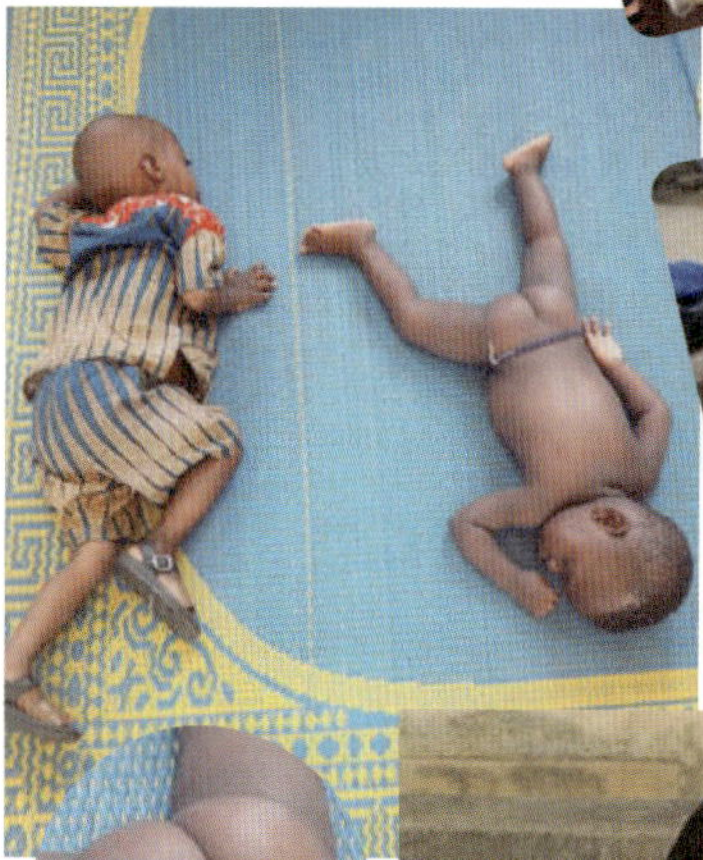

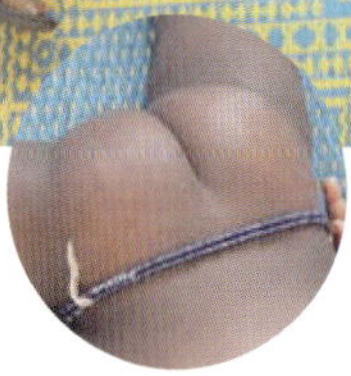

腰には
プリッとしたお尻を
つくるためのビーズ

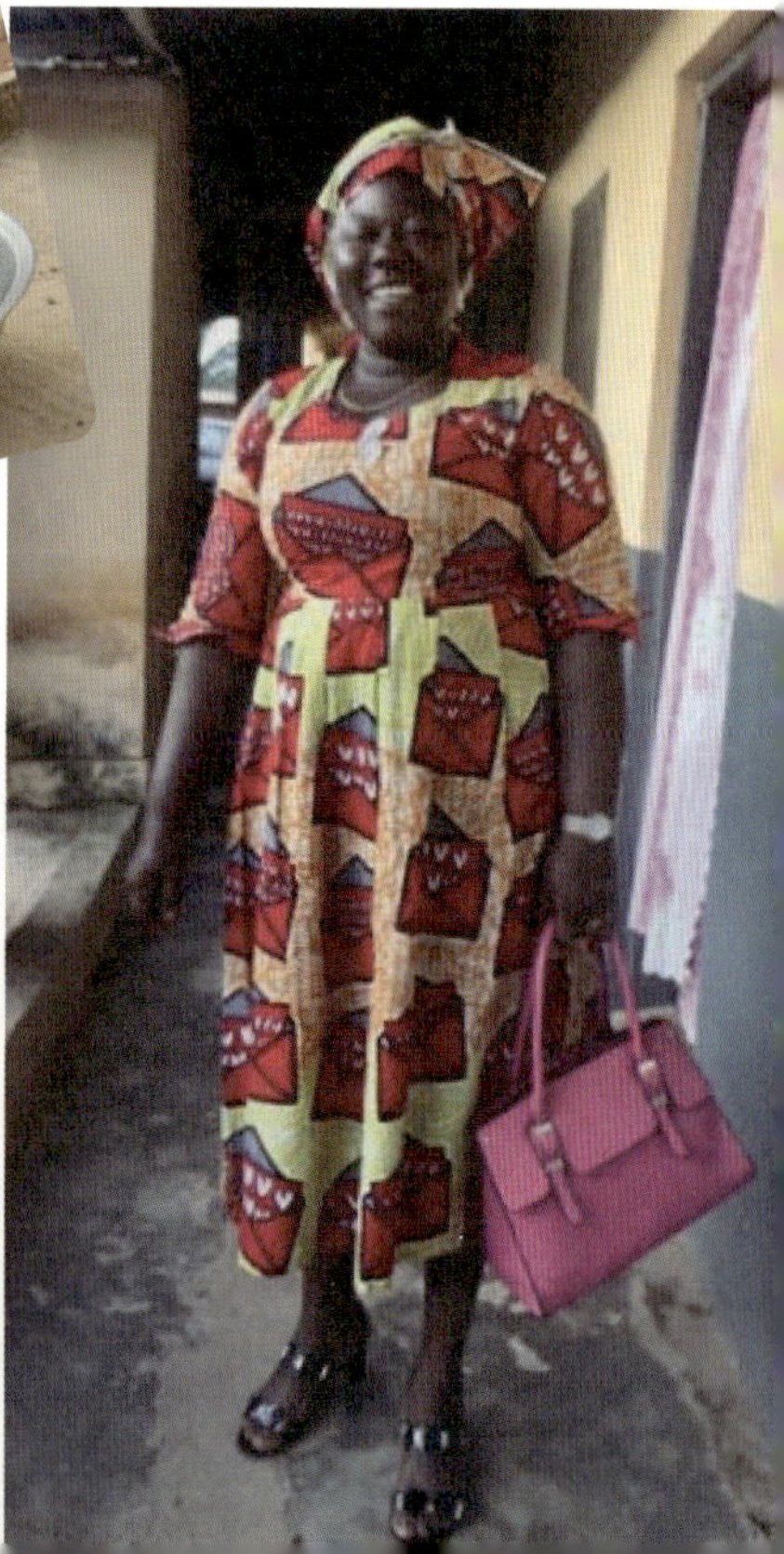

和本作りを教える

野球 パリメ初上陸！

日本から運んだ
野球道具たち

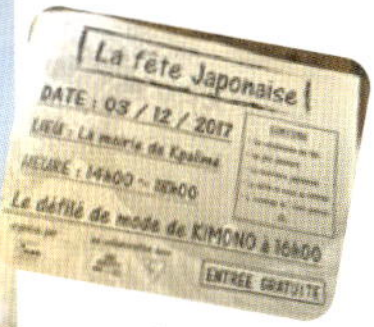
La fête Japonaise !
DATE : 03 / 12 / 2017
LIEU : La mairie de Kpalimé
HEURE : 14h00 ~ 18h00
Le défilé de mode de KIMONO à 16h00
ENTREE GRATUITE

ビラ配り

クレープ作り

保育園の元気な子どもたち♪

La 祭《fête》 du 日本《Japon》 !
en collaboration avec
ONG
AGERTO
à Kpalimé,Togo le 3 Dec. 2017

まさかの停電？！ BGM は生演奏

アフリカと日本がひとつ！

Enyontor

Super

ソイヤッ！

ファッションショー

リハーサルからの
トーゴダンス
マネできそうで
なかなか難しい

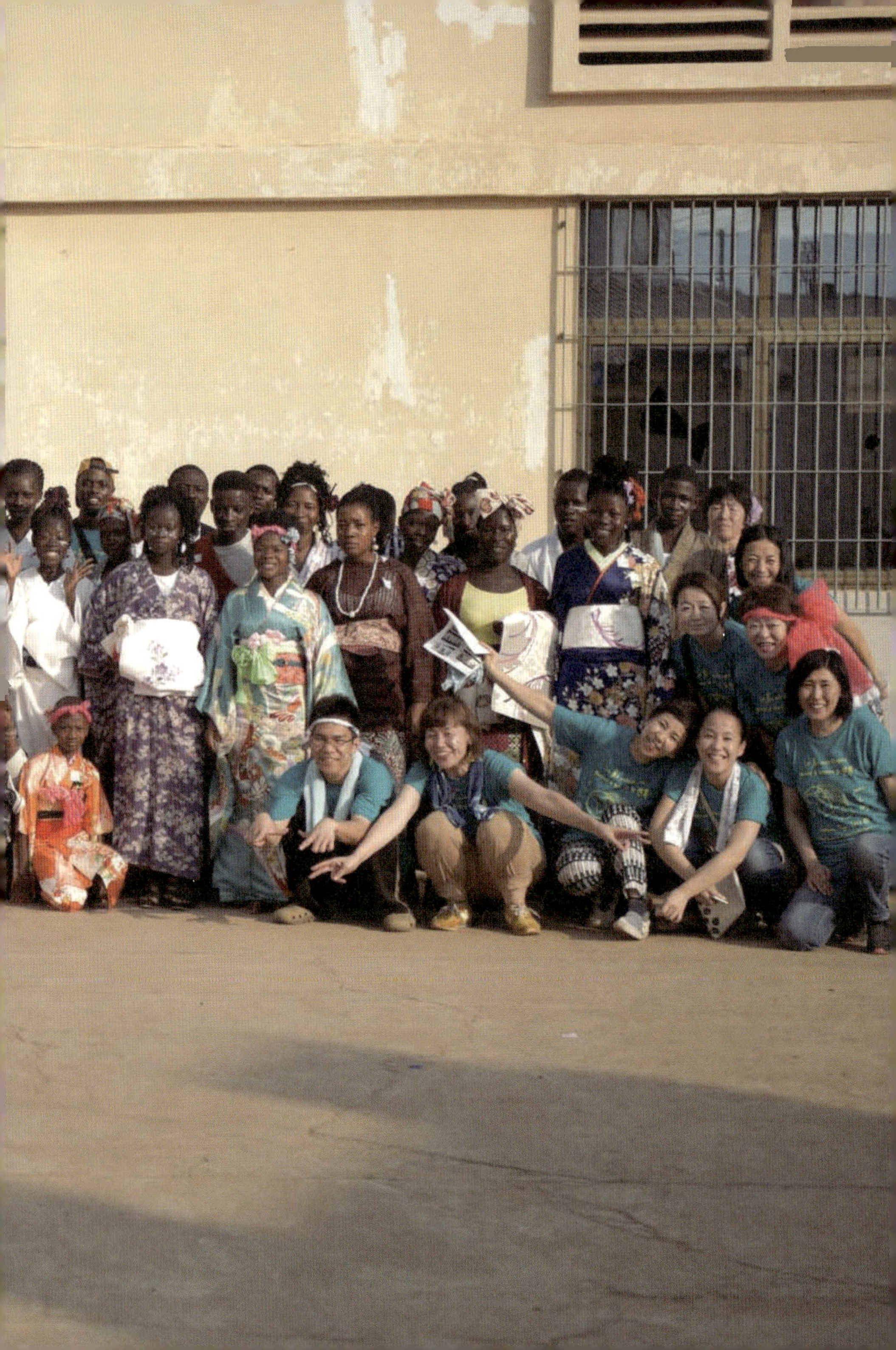

Les 友 multilingues
partout à travers le 世界!
fifi
Kono
merci
TOGO

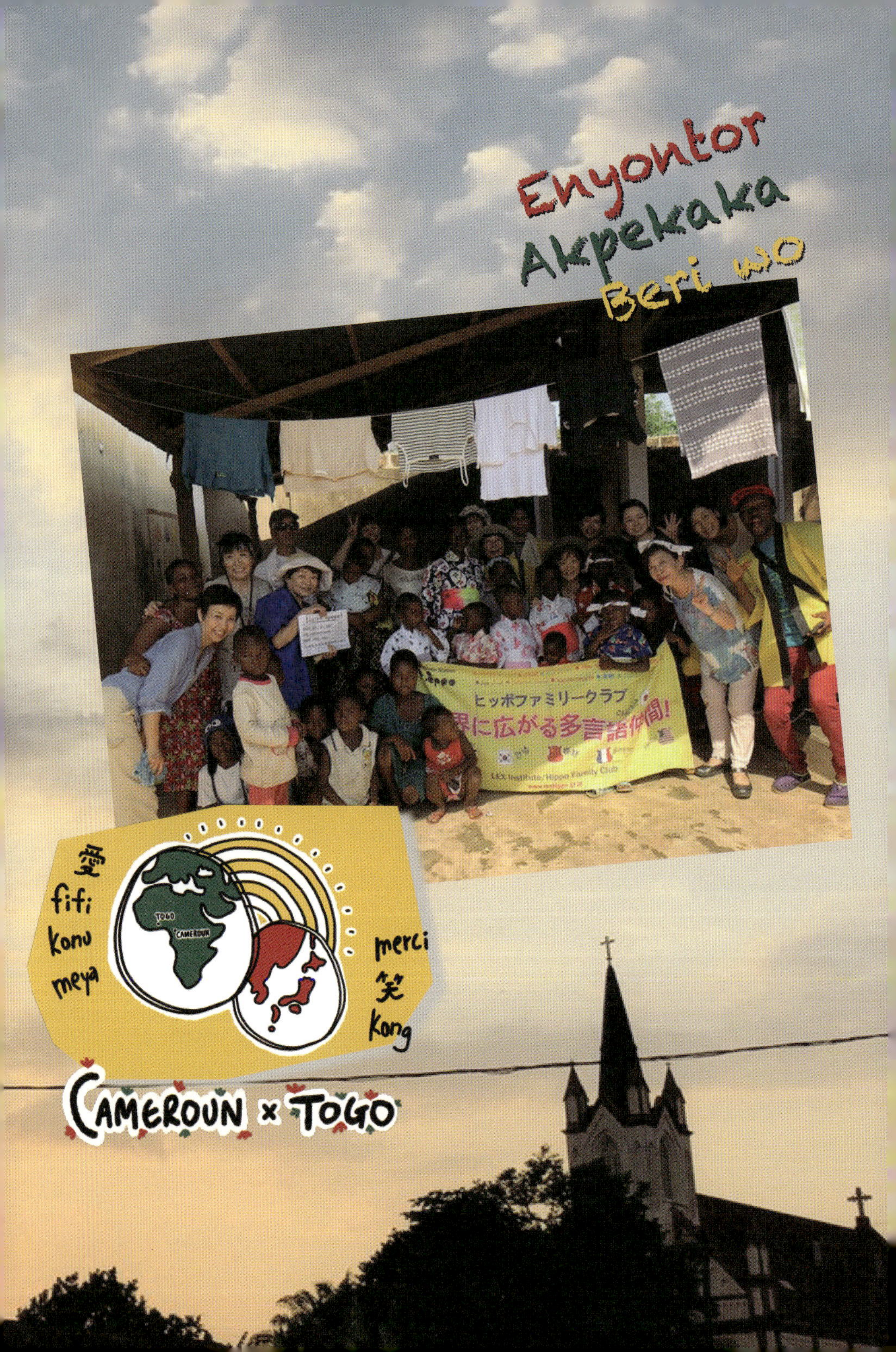

Enyontor
Akpekaka
Beri wo
ヒッポファミリークラブ
界に広がる多言語仲間!
LEX Institute/Hippo Family Club
愛
fifi
konu
meya
TOGO
CAMEROUN
merci
笑
kong
CAMEROUN × TOGO

愛しのカメルーン×トーゴ

Les aventures multilingues aux Cameroun×Togo

19歳～73歳の多言語仲間16人のアフリカホームステイ発見伝

Nous dédions ce livre à tous nos amis africains ;
Dr. Mengnio Jude Wirmvem,
les membres des familles d'accueil à Yaundé et à Dschang au Cameroun,
M. Combey Apèdo à Lomé, les familles de M. Hogbenu Horace et M. Amegniho Messan, les membres des familles d'accueil et les citoyens à Kpalimé au Togo.

表紙絵「エーデルワイス」大宮 エリー

装丁　清水 真美子

本書は、２０１７年11月22日～12月6日に実施されたヒッポトランスナショナルホームステイ〈カメルーン×トーゴ・パイオニア家族交流〉から生まれました。

全国のヒッポファミリークラブ*から、19歳～73歳のメンバー16人（10人がカメルーンとトーゴへ、6人がトーゴへ）が、両国でホームステイとトーゴ・パリメ市でジャパンフェスティバルを企画し、アフリカへ出発、その赤裸々な交流体験ドキュメンタリーです。

「カメトゴ！」を合言葉に、参加メンバー皆で意見を寄せ合って、またヒッポファミリークラブの仲間や家族の応援により、実現されていきました。

２０１９年8月4日（於・横浜ワールドポーターズ）、一般財団法人言語交流研究所主催ＴＩＣＡＤ７連携事業「わくわくアフリカ×多言語でつながろう！フェスタ」でも、アフリカ体験メンバーが活躍して、多文化×多様性×多世代×多言語で、アフリカと日本が家族のように出会う場を創出、「カメルーン×トーゴ」の冒険は続いています。

＊ヒッポファミリークラブ：通称ヒッポ。多言語が聞えてくる環境をつくり、自然なプロセスで多様な言語を習得し、交流する活動。

目次

1 いざ、カメルーン×トーゴへ 28

プチっと〈カメルーン〉 29

井戸から水を汲み、やぎの糞を着火剤にし、お湯にしてくれたホスト家族。

福田 とみえ  ふぅ 30

もう、いろんなことをいちいち丁寧に考えていられない。考えるより先に、動いてしまう自分になっている。

清水 真美子  まみ 43

カメルーンのために何ができるか。そうだ、僕は農学部、安全な水のために濾過装置を作ろう。

乗上《のりがみ》 勇翔《はやと》  トット 67

私の中の青少年とお義母さん
北山 洋子  ヤマちゃん 71

この仲間と一緒にアフリカの冒険に旅立つんだ！
その高揚感。そして未知すぎて出てきたことばが「生きて還るぞ」
みんなが中央に手をあわせて。
関根 寿美子  みらべる 88

2 私たちのトーゴ 105

プチっと〈トーゴ〉 106

初日から初体験がたくさんあって、内容の濃い1日になり、
すっごい疲れたけど、すっごい楽しい旅でした。
辻 茉都花  まどちゃん 107

アフリカを体感して、自分に起こっている事…

呼吸する事さえ気づいてあげなきゃ勿体無いと感じた。

些細な事にも揺れ動く心を持ちたいと思う。

大野 育美  いいちゃん 118

当たり前ってなんだ？ 成功ってなんだ？
ちゃんとってなんだ？
山川（木村）智華子  ちかどん 130

ことばは人が大切！ 人がいなければことばは育たない！
人がいて初めてことばが生きる！
山川 華奈  はんな 144

和本がなんで袋状に折られてるのか、
間違いではないか、と質問が出た。
山崎 曜  かーめん 150

いつお迎えが来てもいいかな…と思ってたけど、
そう、私は、トーゴに行ってやりたいことがいっぱいあったのだ。
榊原 由希子  はな 157

3　もっと、カメルーン×トーゴ

3　もっと、カメルーン×トーゴ　162

パニックになったカメルーンのネズミとの遭遇。トーゴってどこ？　未知の国で、チンドン屋で三味線弾く!?
谷垣 文貴子  ふっきーな　163

合宿していたヴィラは、シャワーとトイレが一緒で一ヵ所しかなかったので、大変でした。複数の人がお腹を壊していたからです。
池谷 奈々子  じゅりえ　188

日本人の私が、アフリカを心のふるさとと感じた理由《わけ》
中川 紀子  ベティ　203

私の内に湧き起こった感動から隔たりや境が溶けて、アフリカに飛び立った。
上斗米《かみとまい》 正子《まさこ》  まりんしゃ　222

楽園の名残り
小出 治史《はるし》  ハルさん　244

4 カメルーン・トーゴに寄せて 258

誰ひとり知り合いのいない国、しかし町を歩けば
だれかが笑顔で話しかけてくれた。
日本で感じたことのない人と人との繋がり大切さを知る。

辻 旺一郎  旺ちゃん
＊トーゴ交流現地コーディネーター 259

トーゴ大使から本書に寄せて
M. A. Kouakou SEDAMINOU A・クアク セダミヌ トーゴ臨時代理大使
フランス語文 263 日本語文 264

Loves from Cameroon
Dr. Mengnjo Jude WIRMVEM  メンジさん
＊カメルーン交流現地コーディネーター 267

Voices from Host families 270
＊Cameroon Host families' languages 273

カメルーン大使からの贈り物
S. E. Dr. Pierre NDZENGUE ピエール ゼンゲ閣下 カメルーン特命全権大使 274

多言語人間とは、すべてのことばに開かれた心なのだ。
榊原 陽　一般財団法人言語交流研究所・多言語活動 創始者　275
あとがき　278
Road to Cameroon ×Togo　282
一般財団法人 言語交流研究所 事業概要／ヒッポファミリークラブの多言語活動　284
ヒッポファミリークラブ 国際交流　286

■筆者プロフィールは交流時２０１７年11月時点のものです。
■ヒッポファミリークラブの活動では、多言語コミュニティの一員として、お互いにニックネームで呼んでいます。
■文中の表記（漢字・カタカナ等）は、筆者表現によるものです。

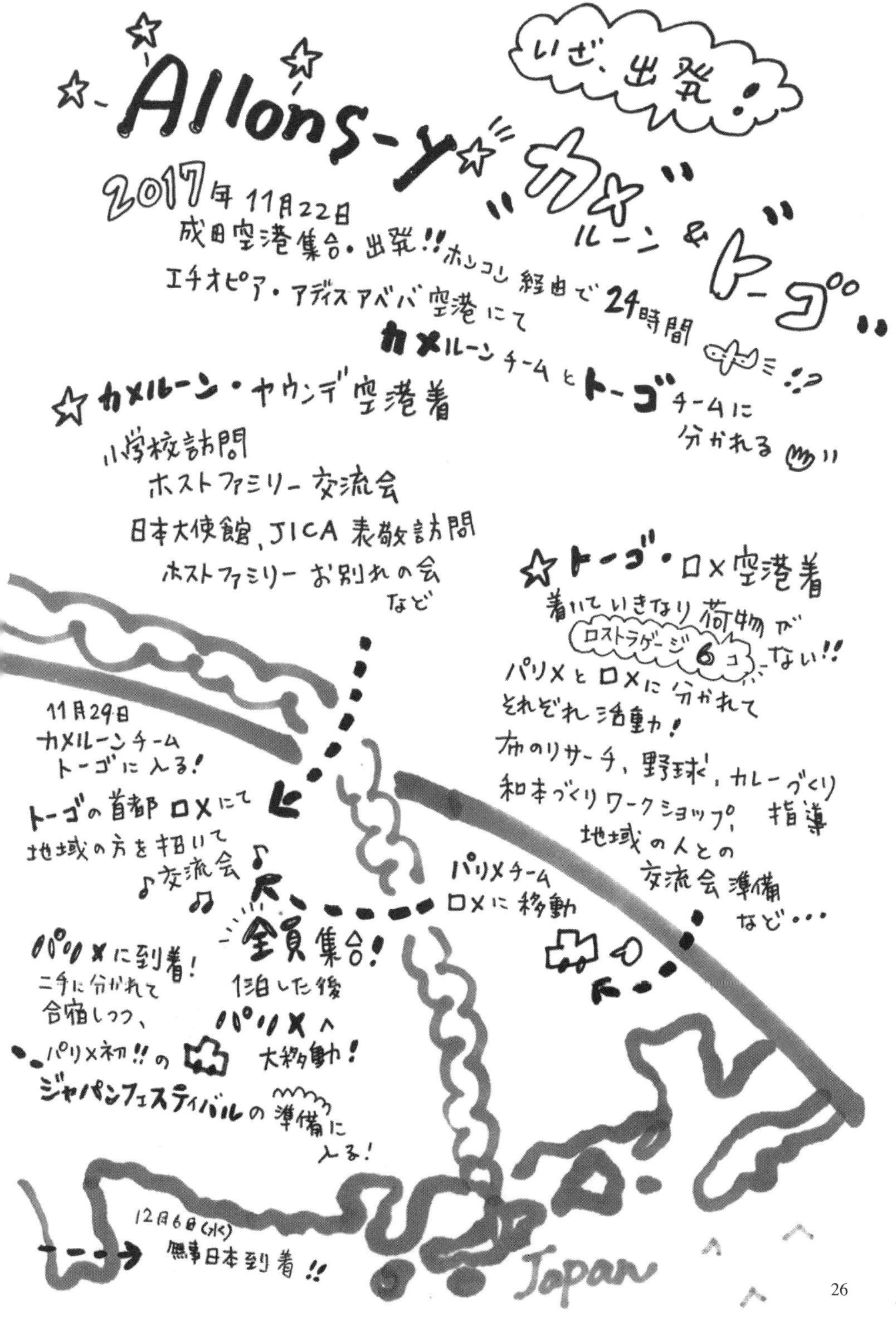
いざ、出発!
Allons-y☆
カメルーン & トーゴ
2017年11月22日
成田空港集合・出発!! ホンコン経由で
エチオピア・アディスアベバ空港にて 24時間
カメルーンチームとトーゴチームに
分かれる
☆カメルーン・ヤウンデ空港着
小学校訪問
ホストファミリー交流会
日本大使館、JICA表敬訪問
ホストファミリーお別れの会
など
☆トーゴ・ロメ空港着
着いていきなり荷物が
ロストラゲージ 6コ ない!!
パリメとロメに分かれて
それぞれ活動!
布のリサーチ、野球、カレーづくり
和本づくりワークショップ、指導
地域の人との
交流会準備
など…
11月29日
カメルーンチーム
トーゴに入る!
トーゴの首都ロメにて
地域の方を招いて
交流会
パリメチーム
ロメに移動
全員集合!
1泊した後
パリメへ
大移動!
パリメに到着!
二手に分かれて
合宿しつつ、
パリメ初!!の
ジャパンフェスティバルの準備に
入る!
12月6日(水)
無事日本到着!!
Japan

アフリカ現地の交流コーディネーター

Cameroon

メンジさん

Dr. Mengnjo Jude Wirmvem

Togo

旺ちゃん

Mr.辻旺一郎

カメルーンの政府研究機関で
水の研究。
2011年4月から5年間日本へ。
滞在中ヒッポファミリークラブと交流。
初交流は首都ヤウンデを
中心に、ホームステイや
学校訪問、
ホストファミリーとの
交流会など、メンジさんが全てコーディネート!!

2015年夏に8カ月トーゴ他
西アフリカに滞在。
帰国後「これがトーゴだ」を出版し、
いろいろな機会にトーゴを紹介。
2017年8月から4カ月再びトーゴへ。
このチャンスに、とトーゴ・パリメ市で
旺ちゃんとヒッポ16人がジャパン・
フェスティバルを実現!

1

いざ、カメルーン×トーゴへ

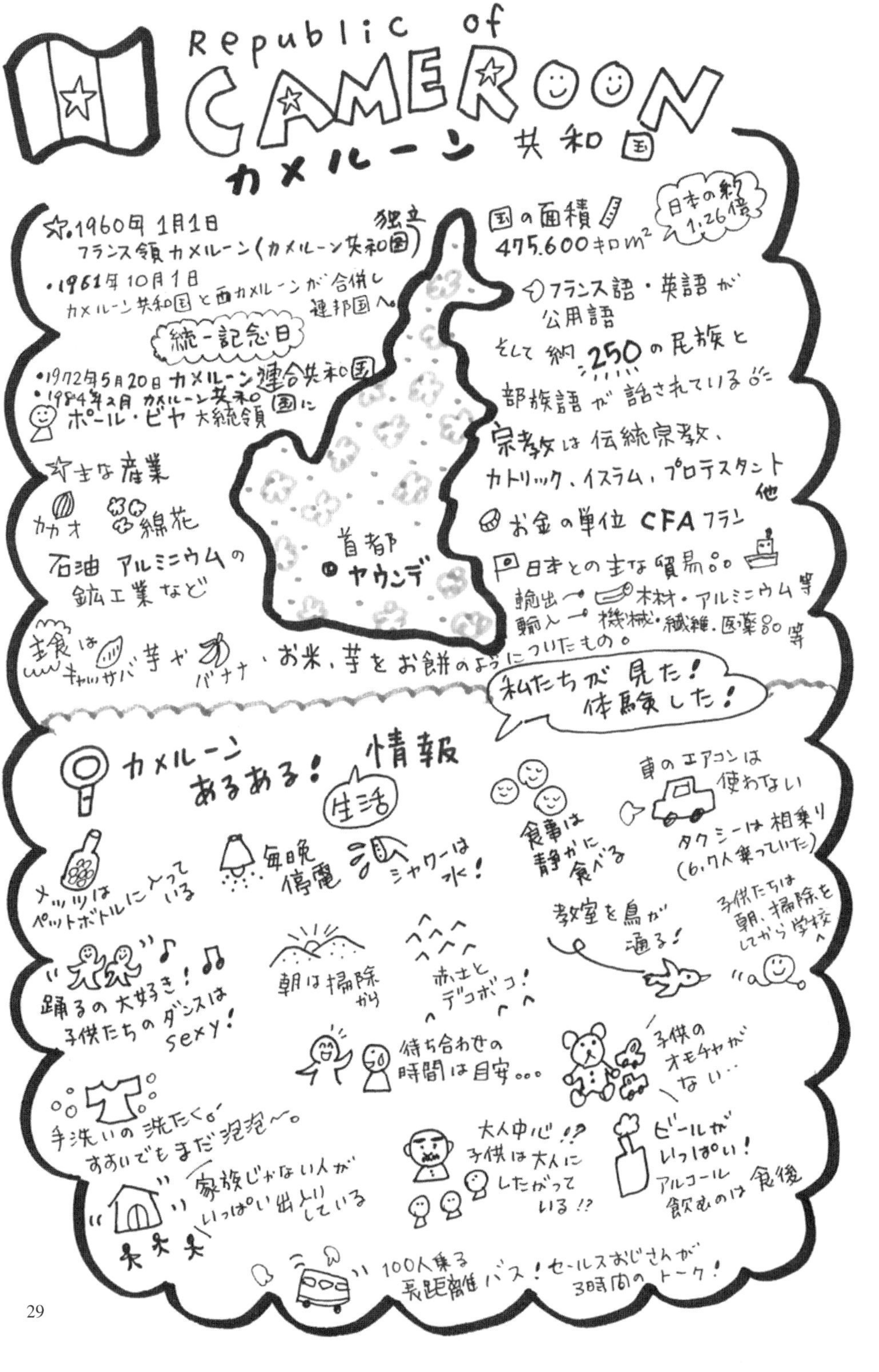
Republic of
CAMEROON
カメルーン共和国
☆1960年1月1日 独立
フランス領カメルーン(カメルーン共和国)
・1961年10月1日
カメルーン共和国と西カメルーンが合併し連邦国へ。
統一記念日
・1972年5月20日 カメルーン連合共和国
・1984年2月 カメルーン共和国に
ポール・ビヤ大統領
☆主な産業
カカオ 綿花
石油 アルミニウムの鉱工業など
首都 ヤウンデ
国の面積 475.600キロm²
日本の約1.26倍
フランス語・英語が公用語
そして約250の民族と部族語が話されている
宗教は伝統宗教、カトリック、イスラム、プロテスタント 他
お金の単位 CFAフラン
日本との主な貿易
輸出→木材・アルミニウム等
輸入→機械・繊維・医薬品等
主食はキャッサバ芋やバナナ、お米、芋をお餅のようについたもの。
私たちが見た! 体験した!
カメルーンあるある!情報
生活
ナッツはペットボトルに入っている
毎晩停電
シャワーは水!
食事は静かに食べる
車のエアコンは使わない
タクシーは相乗り(6,7人乗っていた)
教室を鳥が通る!
子供たちは朝、掃除をしてから学校へ
踊るの大好き! 子供たちのダンスはsexy!
朝は掃除から
赤土とデコボコ!
待ち合わせの時間は目安…
子供のオモチャがない…
手洗いの洗たく。すすいでもまだ泡泡~。
家族じゃない人がいっぱい出入りしている
大人中心!? 子供は大人にしたがっている!?
ビールがいっぱい! アルコール飲むのは食後
100人集る長距離バス! セールスおじさんが3時間のトーク!

井戸から水を汲み、やぎの糞を着火剤にし、お湯にしてくれたホスト家族。

ふぅ

福田 とみえ

profile：言語交流研究所研究員・フェロウ* 主婦
出身・在住地：茨城県坂東市・兵庫県神戸市
好きなこと：おいしいものを食べること 写真をとること 旅行 ミニチュア パンダ キティちゃん
なぜカメトゴに？：夫と息子が異様に行きたかったトーゴ。暇な私が見てこよう！
カメトゴに行って変わったところ：見えるもののピントが変わった。
ヒッポファミリークラブ：兵庫県神戸市 Liebe ファミリー主宰・所属

＊フェロウ：ヒッポファミリークラブの地域の活動主宰者

きっかけ

死ぬまでにアフリカの大地を踏みたいとは思ってた。正確に言うと、☆がついたホテルに泊まって、部屋から動物を見るのが夢だった。何年か前に台湾のホテルの部屋からキリンを見て感動して、これはアフリカに行かなくちゃ！　と思ったんだよね。でも、今回はホームステイ…。虫が嫌いで、不衛生なとこが無理で、好き嫌いも多くて、交流募集チラシをはじめて見た時、有り得ないとスルーした。すると、夫のカン*と、息子のサン*が飛びついた。大学生ではじめてトーゴに行った旺ちゃんの報告が素敵で、沢山撮った写真に魅せられていたからだ。「旺ちゃんと一緒にトーゴ？　そりゃ行かなアカンわ」と盛り上がっている。でも、日程も費用も載ってないチラシだったから、問い合わせを頼まれる。「何も決まってないけど、既に10人も申し込みが入ってるのよ～」と返事があった。そのまま伝えると、「どんな奴が行くんよ」とドン引きしてた。

それから我が家には、ウッカリ問い合わせしたばっかりに「ふぅちゃん、行きましょう！」とお誘いがくる。「行きたいのは私じゃないんです～」とお返事するが、聞こえてないのか、お手紙やメール、電話が……。

それからしばらくして、年末押し迫った時期に2週間を超える交流日程が決まった。カンはそんな時期に長く休めない、サンはそんなに休んだら単位取れんとリタイア。でも、どうしても行きたい2人は、「この家で暇なのが1人おる！　代わりに行ってきて！」と言う…。行けない理由、行きたく

*家族の中でもヒッポニックネームで呼んでいる。

ない理由をどんどん言うが、端から潰される。

その頃、私は、精神的に大ダメージを負うことがあって、毎日のように泣いてはもう無理、立ち直れないと悶々としていた。誰とでも人もことばも選ばずにすべてを受け止めて向き合ってきたつもりが、背を向けたい、避けたいと思ってしまう自分が嫌でたまらない。それでも、どうすることもできないウジウジ悩む私と、行ったこともないアフリカを想像し怖くて行けない弱い私が急にリンクして、何故か、「よし！　一歩踏み出してみよう！　それは、アフリカだ！」と思い立った。カンもサンも、どうリンクしたのか理解出来ずにビックリしていたが、アフリカ行きを心から喜んでくれた。

カメルーン

そんなわけで、2人の熱い思いが詰まったトーゴに〈代わりに〉行ってやろうじゃないかと始まった私のカメトゴ交流なので、カメルーンには何の思い入れもなかった。

それが最初にカメルーンのホストが決まったと調査表*が届く。パパとママと8歳のユキちゃん、1歳のフェイバーちゃん女の子2人の温かい家族写真が添えられてる。同時に、ママからEメールも届く。そのメッセージの温かいこと！　出発直前、勢いで行くことを決めてしまってナーバスになる私に、勇気を与えてくれた。私はこの家族の元に行くんだと。

＊調査表：ホームステイする家族構成や趣味などの情報表

関西から移動して、成田からエチオピアエアラインに乗り込む。聞こえてくるアムハラ語が楽しくて盛り上がる。それから、準備はネット上のやり取りだけで、はじめて会った交流仲間は勿論、乗務員の人も、機内に乗ってる知らない人も巻き込みながら、そこかしこでみんな仲良くなる。ステキ！　いよいよカメルーン！　誰かが25時間かかったと言っていたけど、自分では確かめていないし、どこをどう通って着いたのかもわからない。（笑）

対面の前にもう一度ホストの顔をチェック。真っ先に飛び込んでいくため…。しかし、盛大な出迎えの前にビビる。緊張？　いや違う。当たり前やけど、み――んな黒い、そして、みんな同じ顔に見える！　さっき、確認したはずなのにホストの顔が分からない。すると、「あー！　プラカードに私の名前が書いてある。行かなくっちゃ。」とヒッポＣＤ*のフレーズ通りのことが起きる。慌てて飛び込んで、自己紹介してハグすると、感動で涙が出てきた。すると、その人が「あなたのホストはあっちにいる」と指をさす。えぇぇぇぇ～～。差された先には、見覚えのある顔が！　いやーん、こっちがホストママやん…と、また自己紹介してハグ。ビックリして引っ込んだ涙がまた溢れる。そして、対面式の儀式をして、あちこちでハグをして、おしゃべりをして、気が付くと、またママの顔がわからなくなる。唯一の赤ちゃんを抱っこしてたのがママだからと、目印の赤ちゃんを探す。すると、男性が抱っこしてた。ＯＭＧ。ママ、行方不明。見分ける自信がない～。この先、片時も離れないようにしようと心に誓う。

＊ヒッポＣＤ：多言語の環境をつくり出すストーリーＣＤ

ママは、日本語ができた。私達ヒッポメンバー10人とホストファミリーの通訳を兼ねているらしい。なので、次の日から始まる、2校の小学校でのヒッポ交流、パーティ、JICA・日本大使館訪問など、他のホストは送迎だけなのに、ママは私達とずっと一緒で、色んな役目を担っていた。日本側もカメルーン側も頼りにもなる姐御的存在。いつも気配り心配り、時間に追われピリピリしてる。でも私と向き合う時は、ほんとうにゆっくりと温かい眼差しと猫なで声で接してくれる。私、愛されてる〜。そして、私もどんどんママが大好きになる。

カメルーンの生活は、個室が与えられ、お水のペットボトルも準備してくれていて、蚊帳もある。トイレは水洗だし、シャワーもある感じ。なんと快適！　不安が吹っ飛ぶ。

でも、生活していくと色んなことが分かる。トイレとシャワーがあるドアは壊れている。蛇口やシャワーヘッドはただのインテリア。だから、生活に必要な水は、庭にある井戸から、16歳のお手伝いのフィフちゃんが汲んでくれる。

トイレには常にバケツ2杯の水が満タンになっている。シャワーしようと思うと、ママが「フィーッフ！」と呼ぶ。新たにバケツ2杯の水が運ばれる。夜は涼しいから、お湯が良いなと伝えると、またバケツを抱えて外に行き、薪でお湯を沸かし、届けてくれる。本当に有難い。でも、それを16歳の子が炊事、洗濯と家事をこなしながら黙々とこなしていると思うと心が痛む。日本の家事とは訳が違う。電化製品がないから、一つ一つ時間がかかる。私が来たばっかりに、仕事が増えるとウンザリしているに違いない。私に何か手伝えることは？　帰るまでにフィフちゃんと仲良くなりたい。

毎日、テレビではアフリカンミュージックベストテンみたいなのが流れてる。それに合わせて、テレビの前を通るたび、リズムを刻み、歌うフィフちゃん。思いついて、リモコンで音量を上げ、庭で働くフィフちゃんに聞こえるようにする。背中と腰で踊るアフリカ人の動きはとても真似できないけど自ら踊って、フィフちゃんを誘ってみる。パーティに、荷物持ちと子守りで同行してたフィフちゃんを前に引っ張り出して、一緒に踊ろうと手を引く。少しずつ笑顔がこぼれるのが嬉しい。

ある日、ママとお姉ちゃんを散歩に誘う。カメルーンでは散歩はしないみたい。散歩って余裕がある人がするのかもね。ビックリしてた。家のすぐ裏の小さい山は、自分の手で建てた家に住んでいるいわゆる貧しい人達がいた。山にある井戸にあちこち遠くの方から子供たちが頭にバケツを乗せて水汲みに列を組んでやってくるのが見える。水汲みの為に、学校に行けないという子供達。折り紙の手裏剣をあげると、カメラを構える私に、ポーズをとってくれる。目をキラキラさせて、手裏剣を喜んでくれる。なんだろう、すごくせつなくなる。

それまで不憫に感じてたフィフちゃんは庭で水が汲めて、遠くまで運ばなくても良い。この子達に比べるとフィフちゃんは幸せなのかな。

ノンキにカメラ抱えて散歩に出たは良いけど、住民の人に怒鳴られてめっちゃ怖かった。何て言ってるか分からないけど、生活の中にドカドカ入り込んできてる私に腹を立てているのが分かる。ママが間に立って、怒りを鎮めようとしてくれるがおさまらない。帰り道、幸せってなんだろう？　私はこのままで良いのかな？　ママと日本のこと、カメルーンのこと、たくさんお喋りしながら涙がこぼれる。

5泊6日のホームステイ。心も体も全開にして、慣れない生活にも体当たりでぶつかってきた。最初は知らないおばちゃんにこわばる表情だったユキちゃんも、気付くと私の部屋にいる。大好き、トーゴにいかないでと英語で書いた手紙を何度もくれる。

1歳の妹、フェイバーちゃんは、マネっこが上手。私とユキちゃんのあっち向いてホイをいつのまにか覚えて、ジャンケンポンという。2人の成長を見続けたいな。

パパは、お休みの時、普通のカメルーンの生活を送ってみたいという私の為に、お料理や畑仕事を手伝わせてくれた。そして、それをビデオに残してくれた。温かい思いが胸を打つ。

そして、フィフちゃん。メッセージを書いてと手帳を出したら、学校に行ってないから字が書けないという。それでも、なお、ペンを離さない。自分の名前をたどたどしく、何度も間違えながら、「FIFTH」と記してくれた。私が行って迷惑じゃなかったのかな…その文字に少しだけ心が救われる。

最後に、ママのエミリアさん。思い出すと今もグッとくるものがある。いつもいつも隣に寄り添ってくれた。年齢は下だけど、本当のママのよう。ママと会えたことは奇跡。ママに会わせてくれた全ての人に感謝したい。

何のためにカメルーンに行くのか？　分からなかった。ハルさんとまりんしゃがメンジさんに出会い、メンジさんが生まれた子供に「ハルシ」と名付け、そこから生まれたこの交流。ヒッポがみんなを繋げてくれた。ヒッポが掲げる多言語。頭では理解していたつもりだったけど、心が体がこのカメルーンで納得した感じ。カメルーンにはヒッポがあった。だから、メンジさんは私達を呼んだのかも。ママに会う為に、この家族に会う為に、大好きなヒッポの核を知るために、私はカメルーンに行ったんだね。泣いて笑って、エネルギー全部使い果たし、やり切って満足で、もう、日本に帰りたくなった。そう言いながら、流されるようにトーゴへ。

トーゴ

1日目はトーゴ大使館員と知り合いだったはなの知り合いの素敵なおうちで、オシャレな食器でお食事。トーゴは洗練されていて、なんだかいいとこじゃな〜い?! すぐに楽しくなってきた。

2日目はカメトゴ仲間と泊まるヴィラ。まるで合宿所のように楽しい。そう思ったのは明るい間だけだった。ヴィラはコンクリートの壁と床、窓には鉄格子。気持ち、窓ガラスがはまってるけど動いたり動かなかったり。夜になって電気を点けるとこうもりと蛾がバタバタと入ってくる。広い部屋の片隅に吊るされた蚊帳に入り、ほんと無理〜カメルーンに戻りたいと嘆く。(今思えば日本に帰りたいではなかった。戻りたい場所になっていたんだな〜)早く明日になーれ! 明日はホームステイだ〜

そして、3日目。たっくさんのお土産を抱えて大荷物で向かう。なんてったって大家族。若いパパとママ、子どもたちがいっぱい。調査表の写真も誰が誰かわからなかったけど、目の前にいる人が写真と同じなのかどうかもわからない。そして、何より、この家族はエヴェ語を話す。唯一、知ってるエヴェ語「うんこニュニュニュふぅちゃん」と自己紹介して、手を相手に向ける。そうすると「うんこニュニュエマ」「うんこニュニュニュシャロン」と応えてくれる。あなたの名前は何ですか？　なんて知らなくっても問題なし！　でも、調査表にない名前も聞こえる。なんで載ってないの？　と聞くと、「ファミユ」だけが聞こえるから「あーファミユね」と言うと笑顔になる。私の日本語をオウムのように返す。相手のエヴェ語をオウムのように返しながら、お互いの話すことがだんだん分かってくる。なんだろう、何も問題ない感じ！　楽しい。

でも、大きな大きな問題が。おトイレとシャワーが〜〜。どう表現しよう？　青空系？（笑）あまりのビックリで、いちいち大パニックになったけど、19歳のエマちゃんをママのように慕って追いかけてフォローしてもらう。書ききれないからまた聞いてね。

夜も大変だった。水を浴びたら、後は寝るだけと思ったら、パパが出掛けるぞって言ってる。あれ、もしかして飲みに行くのかな？　ビア？　とかBAR？　とか聞くけど違うみたい。パジャマだけど着替える？　パンチャパンチャ（なぜか韓国語）？　とか聞くけど、このままで良い感じ…。でもバイクに乗ると言ってる。どこ行くんだろう？　ドキドキしながら真っ暗闇の中、バイクにまたがる。そして、バイク2台すれ違っただけの真〜〜〜っ暗闇の中を10分位走ったかな。今日はじめて会った言葉もままならない29歳のパパと…。それでも絶対的な安心感が不思議。カメルーンでそうだったように、このトーゴでもこの人が私の家族って思える。

着いたところは、これまた暗闇の中で開くパン屋さんだった。調査表にブランジェリーって書いてあったけどココ!? 毎日19~23時までオープンしてるらしい。街灯もなく、豆球1つの台の上にパンをたくさん並べる。一体、誰が買いに来るの? こんなに売れるの? 疑問がたくさん…。パパが座れと言うので、椅子を手探りで探し、座るとそこにはママが座っていた。本当に見えなかったからビックリした。静かな時間が流れ、ママがパンにサラダを挟んでるなと思ったら、目の前にお客さんがいた。ママは見えてたんだ! ビックリ! 何もすることなくて、ウトウトすると、遠くの方で、パパが「ドルミン?」と聞く。えー、どこから見てるの? 私には暗闇で何にも見えないですけど…。

今、振り返っても不思議な空間だった。持ってきたパンはほぼ売り切れるほどで、どこから人が来たんだろう? どうしてわかるんだろう? 最後まで何も見えなかったけど、マネっこしながらお手伝いもできた。

パンを売って、みんなと同じ生活をして、たった1泊だったけど、私、トーゴ人になれた気がする。最後はまた涙涙でお別れ。生きていたら会えるかな? もう二度と会えないんじゃない? と泣きじゃくる私に、子供たちがみんな優しく髪をなでてくれる。言葉じゃない。年齢じゃない。心と心で通じ合った私達。トーゴにも大事な大事な家族ができた。

ヴィラに戻り、心も体も疲労困憊で、忘れてたけど、今回の交流の本番はこれからだった。そう、ジャパンフェス！　街を練り歩き、ビラを配り、400人分のカレーも作った。包丁1本、まな板も無くて…一体どうやって山のような野菜を切るの？　大体、カレー作りはしてくれるんじゃなかったん!?　悩む時間も愚痴る時間もなかった。みんなで手分けして、出来ることを考える。座ってた椅子をゴシゴシ洗って、まな板に！　お土産で用意してた百均の包丁を出してくれた人、そんなん切れるの？　と思ったら、トーゴの包丁よりめちゃ切れる！（笑）道具にできるような石を探したり、10〜70代まで、そして、日本人もトーゴ人も、みんなテキパキ動いて、本当に素晴らしかった。

実際のフェスもそこかしこで大きい、小さい混乱がいっぱいあったけど、大盛況で、この場にほんの少しでも関われたことが本当に嬉しい。カメトゴ仲間とこれからもずっとずっとこの日のことを肴に美味しいお酒が飲めるんだろうな〜。

帰還

夜なのに明るい！　明るすぎる！！　街も、建物の中のどこもかしこも…。光の洪水に困惑している中、「空港の中、お店も閉まっていて暗いけど、隅っこで話を聞かせてほしいな〜、お腹すいたでしょ、コンビニ行こう！」と笑顔で迎えてくれる仲間達。あ〜日本に帰ったんだな、日常が始まったんだなと実感した。

頼んでもいないのにコンビニでは別々の袋に、キンキンに冷えたビールと温められたお弁当。目に映る一つ一つが贅沢でなんと無駄が多い…。無駄？？　アフリカではプラスチックはゴミとなり、自然に還ることなく、そこかしこに散乱している。私達が行くことで更に増えてしまうことに心が痛かった。持ち帰れるものはみんなで持ち帰ったね。荷物にならないように小さく折り畳んでもどんどん増える。お水がペットボトルじゃなく、袋に入って売っているのはコストもだけどゴミ問題も大きく関わっているかも。そんなアフリカの日常が非日常に、非日常が日常に、便利？　無駄？　ここはどこ？　頭も心も混乱する。

その日はもう神戸に帰れなくて、空港近くのホテルに一泊。コンクリートの平らな道路。ふっかふかの清潔なお布団に、蛇口をひねると熱いシャワー。大袈裟でもなく本当に感動した。同時に、私の為に井戸から水を汲んで、やぎの糞を着火剤にして、お湯にしてくれたアフリカのホスト家族の顔が次々と浮かぶ。ニワトリの声や鳥のさえずりで目覚め、そこかしこから、けたたましいアフリカンミュージックが流れ、歌いながら踊りながら、お洗濯して、お料理して、次から次へと家に訪れる人をみんな「家族」と言う。いつも賑やかでたくさんの笑顔が溢れてた。静かなホテルの夜は、本当に寂しくて、胸がキュンと締め付けられる。真っ黒な肌に、真っ白な歯がキラキラするみんなが恋しくて会いたくなった。

さいごに

アフリカと日本。肌の色、言葉、食べるもの、文化…何もかも違う、全――部違う！　でもね、一つだけ同じって思うのは、そこには同じ人間がいたってことかな。私をまるごと受け入れて、精一杯もてなそうとしてくれる温かい人が！　同じものを食べて、一緒に笑って泣いて…。その中で、同じことば共通のことばが生まれる。日本で私が楽しいと思うことと何も変わらない。アフリカで「同じ」を見つけた！　これに尽きる。文字にしたら、言葉にしたら、残念、陳腐すぎるけど、でも、このことを考えるたびに表現するたびに、揺さぶられ幸せの意味を考える私がいる…

〝当たり前は、当たり前じゃない。目の前のことは全部奇跡なんだって思える。〟

苦しくて泣いてた私はもういない！

もう、いろんなことをいちいち丁寧に考えていられない。考えるより先に、動いてしまう自分になっている。

まみ

清水 真美子

profile：言語交流研究所研究員・フェロウ　主婦
出身・在住地：神奈川県横浜市・東京都大田区
好きなこと：おしゃべり　お絵描き　小さな子ども　スピッツの曲　お酒　エビ　豆腐　ヒッポ
なぜカメトゴに？：旺ちゃんが惚れ込んだトーゴを見たかった。やったことないことにチャレンジしたかった。
カメトゴに行って変わったところ：時間に追われまくっている日常の中で、ふと立ち止まって、本当に大切なことは何かな？と思えるようになった。
ヒッポファミリークラブ：東京都大田区・ぷかんちファミリー主宰　東京都大田区・らんらんファミリー所属

【カメルーン編】

その1／私のカメルーンの家族

優しいホスト家族との6日間。無条件に両手を広げて包み込む様に迎えてくれたブリスとロザリー。全力で甘えてくれる7歳のダリルと3歳のジョイ。

若い夫婦は、ゆっくりと丁寧に話しかけてくれて、いっぱい笑顔でもてなしてくれた。ブリスは英語が話せて日本語も少しできるから、いろんな話ができてうれしかったけれど、そうではないロザリーとも、それ以上にあれこれたくさん話したし、心の距離がとても近くなれて幸せだった。ロザリーに、1時間半くらいかけて髪を編んでもらった時が、一番幸せに感じた心穏やかな時間。子どものころに戻ったみたいな不思議な感覚だった。ご近所の奥さんが仕立ててくれたお揃いのワンピースを着てお出かけをしたり、リビングのソファーに並んで、家族の写真を見せてもらったり、車の中で、街の名前をいくつも教えてくれたり、街中で売り子さんから、お土産物をささっと買っては私にプレゼントしてくれたり、「大事にしてもらっているな…」と思うことがたくさんあった。

子どもたちとはたくさん遊んだ。元々、子どもたちといっぱい遊びたい！　と思って楽しみにしていた。２人とも「オカアサン！」「マミ！」と連呼して、遊びをせがんでくれてうれしい限り。でも、想像以上にしつこくてエンドレス。自称子ども好きの私もげんなりするほど。ヨーヨーの糸巻きと、折り紙と、一本橋こちょこちょのリピート地獄。実は心の中で「あと３日」「あと２日」と、自分を励まさないと相手できないほどだった。

お別れの日、やっとリピート地獄から解放される！　と思ってしまっていたダメな私。それなのに最後のハグをしたら涙がどんどん出てしまって、自分でも驚いた。最後に一本橋こちょこちょを１回ずつやろうと思ったら、うまく歌が歌えないほど泣けてきた。真っ直ぐに懐に飛び込んできて、私の都合を考えることなく甘えまくってきた２人を、気づかないうちに大好きになっていた。しつこいって良いもんだ。大変でしんどいけど、無視されるより何百倍も良い。

カメルーンでの暮らしは、不便なこともあったけれど、こんな素敵な家族の中にいたから、その不便さは決して嫌なことではなかった。こんなに遠く離れた場所に、こんなにも大事に思い合える人がいることがほんとうにうれしいなと思う。

その２／環境があれば当たり前に

ダリルとジョイのダンスは本当にかっこいい。肩の動きも腰の動きも、私には簡単にはマネできない。正直、「お子ちゃまなのにこんなセクシーな動き許して良いのか⁉」と思うほど。でも、せっかくだから私も精一杯マネして踊った。見ているだけなんてつまらない。踊ると周りのみんなが喜んでくれて、一気に仲良くなれてしまう。踊りもことば。繋がれる。分かり合える。

小さな子もシニア世代もダンス大好き！　確かに、思わず身体を動かしたくなる音楽であふれている。何を育てるにも、教えなくても環境にあるものは、自然にできるようになっちゃう。当たり前だけど、それってほんとにすごいこと。

その3／元気な子どもたち。もっと元気な先生たち。

カメルーンの小学校でのヒッポ。２つの小学校を訪問した。超大歓迎。出迎えの歌はアカペラで手拍子。子どもたちの声の重なりに感動。なんて美しい声！

日本の紹介と、多言語で遊ぶ時間。子どもたち元気元気！　好奇心いっぱい！　超パワフル！　だから先生たちは結構厳しく、大きな声でバシッと注意。その指示にはちゃんと従っていてエライ！　でもまたすぐに勢いが弾ける。初めて見るであろうソーラン節は大ウケ。じゃんけんぽん！　もすぐに覚えて、下校の道でも大きな声で唱えていたな。

子どもたちといくつか手遊びを。「むすんでひらいて」をした時に、「そ〜の〜手〜を〜　上に〜」「下に〜」「ほっぺに〜」。そして最後に「おしり〜に〜」というところですごくウケる。こういうネタに国境はない。私たちは日本の小学校でもよく国際理解授業*をやるけれど、カメルーンの子も日本の子もそんなに違わない。遊ぶの大好き！　マネっこの天才！

そしてすごくおかしかったのが、子どもたち以上に先生たちがとっても嬉しそうに、大きく弾けるリアクションを返してくれること。そこは日本と違うかも。学校以外のところでも、子どもより大人のほうが楽しそうだった。カメルーンの子どもたち、大人っていいな、早く大人になりたいなって思ってるんじゃないかな。そこも日本とは違うのかもしれない。

その４／とにかく踊るパーティ

１週間のカメルーン滞在地の中盤の、ホスト家族の皆さんとのヒッポパーティ。この交流を作ってくれたまりんしゃが、なぜここに来ようと思ったのか、ヒッポのみんなは何をしにカメルーンまで来たのか、これからどんな関係を創り出していきたいのかを、力強い、心のこもったフランス語でプレゼンしてくれた。

アフリカンダンスのあまりの迫力に、私たちのテンションもいきなりマックス！　そのお返しに

＊国際理解授業：ヒッポの地域貢献活動のひとつで、学校や行政の要請による、多言語活動実践の授業

と、全力ソーラン節からのヒッポタイムをたっぷり楽しみ、現地のお料理を楽しむ頃にはすっかり辺りが暗くなっていた。

そこからは、長い長いダンスタイム。大人も子どもも踊って踊って、一瞬休んで踊って…！　私よりずーっと年上の人たちも、長い時間本当に楽しそうに踊り続けている。部活並みに汗かいてヘトヘト。でも誘われるとまた踊って…。ヒッポのみんな、現地の人たちの踊りに、完全についていっている。すごいな。カメルーンの人たちの姿以上に、ヒッポ仲間の弾ける姿が心に残る夜。踊ったことで溶け合って混ざり合う。線引きはあの場には不要だった。

その5／本物の多言語人間

カメルーンは多言語。250の部族それぞれに異なることばがある。私のホストの若いカップルは、普段フランス語で話しているけれど、それぞれの両親は、異なる母語を持っている。ブリスのお父さんのことばはゴマラ語、ロザリーのお父さんのことばはエウォンドン語。「こんにちは」は「アムガ～ッカ」と「ベンベキリ」。ぜんぜん違う。

私が部族語に興味を持ってあれこれ質問すると、みんなとっても喜んで教えてくれる。そして私のマネがあまりに上手だと言って、とっても褒めてくれるし笑ってくれる。褒められるともっと言いたいから、生活の中でちょくちょく使った。こういう瞬間にとっても距離が縮まるのを実感する。「ことばを大切にすることは、そのことばを話す人を大切にすること」

生まれた時から日本語しか聞こえずに、日本語の中で大人になった私は、暮らしの中で全くわからないことばに出会う機会はすごくすごく少ないし、時間の流れも、空間の移動も予測がつくし、ほとんどのことはだいたい分かって生きている。だから予測がつきにくいこと、意味がわからないことに直面すると、たじろぐし、嫌だなと思う。でもカメルーンのような所では、時に互いのことばが理解できなかったりすることがあっても、表情や雰囲気なども合わせながら大波で意味を掴み、意味を細かに追うことに執着せずに暮らしているだろうから、緻密な話ができない時も、大らかな寛容なコミュニケーションを自然と取れている気がした。だから私のことばのレベルなんか全く気にしていない感じ。上手に話せても過剰に褒めたりもしないし、うまく伝わらなくても、なんとなく事は進む。だから私は、「○○語で話さなきゃ」とか、「この単語を覚えて帰らなきゃ」とか、そんな義務感のようなものを全く感じることなく、大きくゆるやかな波のうねりの中で、肩に力を入れずに人と一緒にいることを楽しむだけでよかった。

ことばってなんだろう。わかるってなんだろう。受け皿が柔らかく大きく肌触りの良いものであれば、ことばを発する側に努力はいらない。人と人が寄り添おうとする時、繋がろうとする時、大事なのは実は受け手の方なのだなと今回感じた。両手を広げて待っていてくれたカメルーンの人たちは、私たちのことばも想いも、両手を広げて受けとめてくれる人たちだった。

その6／ことばではなく、人に会いに来た

ヒッポのみんなと、JICAのオフィスと日本大使館を訪ねた。今回カメルーンに来た目的と、ヒッポが何をしているグループなのかを伝えさせてもらった。ヒッポ仲間のみんなが当たり前のように、フランス語英語以外の、その家それぞれの部族語を覚えてきていて、数日の間に、それぞれ異なることばで自己紹介ができるようになっていた。

観光ではなく、勉強のためでもなく、人に会いに来た。家族になりに来た。だからそれぞれの大事にしていることばを、マネして言えるようになった。これがヒッポならではだなと思って、つくづく面白いと思うし感動する。私たちが話したいのは、外国語ではなくてその人のことばなのだ。

その7／もっと大らかで大まかで良い

カメルーンでの毎日は、いろんなものごとの線引きが曖昧で、頭の中で整理して組み立てて動こうと思うとくたびれてしまうと気づいた。家族と家族じゃない人の区別がつかない。家の外と中の線引きが曖昧。今は何をする時間なのか？　いつの間にか始まり、いつの間にか次に移行している。きれ

いなものと汚れているものが混在し、現代的なものも溢れていながら、原始的なものもまだまだ残っている。店に置いてあるものも、売り物なのか私物なのかわかりにくかったりして。道端に生えているとうもろこしも、勝手に生えているのか、誰かの持ち物なのか、囲いもないから私でも手を伸ばせば採れてしまう。1日の予定を伝えてくれるけど、その通りに動かないことの方が多い。さっきまで仲良く喋っていた2人が、いつの間にかもめている雰囲気になって、そしてまたいつの間にか仲良しに戻っている。考えて動くのではなく、そのままを飲み込むように過ごしていた気がする。頭であれこれ思う前に、体が反応するがままに、反射するように動いていた。

毎晩必ず停電になった。ある日、水のシャワーの途中で真っ暗になって、目をつぶっていても開けていても、どちらでも同じだけ見えないほどの暗闇になった。でも人間ってすごくて、じっと目を凝らしていたら白いものからぼわ〜〜〜っと見えてくる。だからゆっくり動いてゆっくり服を着たら大丈夫だった。毎晩寝かせてもらったのは、二段ベッドの下の段。3歳のジョイと一緒に寝た。私が来るからと、新しいシーツを敷いてくれていたようで、綺麗にベッドメーキングしてくれていた。でも、最初の夜から背中はダニに刺されまくって、夜中に私の体の上をゴキブリが通過するのも感じて目がさめることがあった。毎日疲れていたから夜は熟睡していたのに、ある日、パッとゴキブリを掴んで、グワッと遠くに投げつけた自分にびっくりした。ジョイは、かわいいけれどかなりのワガママちゃんで、触らないでねと言っている私の荷物をいじりまわす。その日もしつこくそのやりとりをしていて、しまいに私のボディーソープを床に撒き散らし、私はとっさに日本語で、「こらっ！　だから触るなって言ってるでしょ！」とでっかい声で叱りつけた。

もう、いろんなこといちいち丁寧に考えていられない。考えるより先に、動いてしまう自分になっている。ことばもそうだった。考えるより先に、反射でリアクションをしていたのだろうと思う。帰国後何語で喋っていたのかよく思い出せない。全部わかっていたわけじゃないけれど、「わからないな～」って困ってしまうこともなかった。多分、きっとこのやり方の方が楽なのだと思う。自然なのだろうと思う。人間ってそんなに隅から隅までわかっていなくても、区別できていなくても、もっと大らかに物事を捉えて、もっと大まかに意味を感じて、もっと相手を信じて大波でことばを発していいんじゃないかと思えるようになった。

その8／効率より大事なもの

予想はしていたけれど、やっぱり日本よりも断然時間にはルーズだなと思った。予定通りに動かないし、集合時間も目安でしかない。だから基本いつでも急いでいない。効率良く動く必要がない。最終日、シティに行くよとブリスとロザリーと車で出かけた。結構長い時間車に乗ってあちこち行った。ゴールは集合場所のホテル。なかなかホテルにたどり着かないので、きっとホテルは家から随分離れたところにあるんだなと思っていた。でも、方向音痴の私でもさすがに気づいた。「あれ？　同じ道を行ったり来たりしているんだ…。」

私はいつも日本で、行った先で一度に複数の用事を済ませようと、いつも頭の中でどう動いたら効率がいいかを考えている。それで一本前の電車に乗れたりしたら、なんとなく達成感を感じたりしている。でも、彼らは、私に見せてあげたいものを思いつくままに、あっちに行ったりこっちに行ったり、また戻ったりを繰り返してくれていたのだと思う。そんな彼らだから、待たされることにも慣れている。そんな時は目の前にいる人と、楽しくおしゃべりしていればいい。待っている間も、やきもきしているのは日本人だけ。カメルーンの人たちは、こちらが焦っているほど焦っているように見えなかった。

少し先の自分のための今を生きるのではなく、今目の前にいる人と、今の自分を大事に、この一瞬を楽しみ慈しみ、惜しみなく相手を思う気持ちをことばにし続けていいんだと、カメルーンで出会った全ての人に教えてもらった。

＊　＊　＊

【トーゴ編】

その1／相対的に秩序を感じる

1週間の濃いカメルーン生活から、ビューンっ！ とトーゴに移動。カメトゴ交流、ここまででまだ半分！ 首都のロメで最初の1泊。カメトゴ&トゴトゴ、ここでやっとほぼ集合。全員一度に泊めてくださったコンベイさんに感謝。アッペカカ！ 素敵な別荘暮らしのような、身も心も休まる時間。シャワーは水だし、ベッドには3人で寝たけれど。

混沌のカメルーンから、秩序あるトーゴに一歩足を踏み入れた途端、移動する車の中は、「すごーい！ きれい！ 人が少ない！」「ヘルメット被ってる！ 商品の並べ方がきれい！」「道が凸凹じゃない！ 工場がある！ 産業がある！」と次々に第一印象が飛び出す！ ナイジェリア・ベナン、2つの国を挟んだだけの地続きなのに、雰囲気がとても違っていて驚いた！

その2／現地のことばとソーラン節の破壊力

夕方には近くのレストラン（屋外）にて、コンベイさんが招いた方たちとのヒッポタイム！ すでにきちんと並んだ椅子にきちんと座って、飲みも食べもしゃべりもせず姿勢良く、「ちーん」と待っていてくれたロメの方たち。この張り詰めた感じ、アウェイ感満載。

ところが、旺ちゃんがエヴェ語とフランス語で挨拶をし、まりんしゃが熱い想いをフランス語で語り、現地の太鼓と踊りを見せてもらい、少しほぐれてきたかな？　というところで、「どこでもヒッポ」のヒッポ人*のみんなで赤と黄色のはっぴも眩しく、多言語自己紹介に続いて全力ソーラン節。ソーラン節の破壊力はすごい。海が近いからか砂地でのソーラン節はかなり体育会系だったけれど、一気に歓声と拍手！　一気に仲間に入れてもらえた感！　その後はもう、最初の緊張感はすっかり忘れ、気づいたら踊って踊って汗だくで、合間に折り紙したり着付けをしたり三味線したりと、七変化のヒッポ人のみんなの対応力で、秩序のトーゴ。でもやっぱりここはアフリカ！　という感じをどっぷり味わった。

その3／旺ちゃんは只者じゃない

翌日は車で2時間くらい、ジャパンフェスティバルを開催するパリメにみんなで移動。ここを拠点に4日間の共同生活。満月の日曜日に、トーゴ初のジャパンフェスを開くことを目的に、ヒッポ16人＋旺ちゃん＋強力助っ人のちーちゃん、てらちゃん、ゆうくんが集結。旺ちゃんがいつもホームステイさせてもらっているお宅が、私たちにとってもパリメの故郷、心安らぐ場所になった。

＊ヒッポ人：どんな人にもどんな言葉にも心を開いて交流しようとするヒッポファミリークラブのメンバー

入れ替わり立ち替わり、旺ちゃんの友だちがいろんな助っ人として登場！　名前を覚える前に、昔から知り合いだったみたいにいつの間にかそこにいる。ヒッポのみんなも、当たり前のようにそこにいる人を頼って、いろいろ教えてもらいながら一緒に過ごす。いっぱい笑って。旺ちゃんは忙しくあちこち動き回ってそこにいなくとも、要の部分にしっかり旺ちゃんがいるからこそ、ホスト家族も全開の笑顔と、大きな声での挨拶と、でかいハグと、美味しいお料理で、いつも私たちを元気付けてくれて、友だちのみんなも、前置きなくすっと隣に寄り添ってくれる。

この辺りでは「オーチャン」という単語は万能で、日本人の総称として「オーチャン」と声をかけられ、道に迷っても「オーチャン」と言えば家の方を指差してくれる。旺ちゃんはどうやってここまで、人の信頼を集め、人とつながって来たんだろう。後で旺ちゃんに聞いてみたら、「トーゴの人たちみたいに、人に会って、人と話した」と。トーゴの人たちは、道ですれ違う時に、驚くほど挨拶するし、それがすぐに長めの立ち話に発展する。「元気？　家族は元気？　調子はどう？…」と、今日出会えたことを喜び、相手の体調や心の動きを気にかける。旺ちゃんも始めはそれがうざったいほど面倒に感じたそう。「こんなことしてるから、目的地に約束の時間に着けないんだ…」でも、旺ちゃんはそう思いながらも、ちゃんと足を止めて話した。握手して、顔を見て、笑いあって、トーゴ式の指パッチンをして別れる。それを繰り返しているうちに、旺ちゃんのエヴェ語は増えていったし、気づいたらその寄り添い方無しでは寂しいほどになっていった。

体温を感じ、声を聞き、顔を見る。人と人のつながりの当たり前の姿。当たり前なのに私たちは今の暮らしの中で、そこを省略しようとしてしまっている。そこに時間と思いを割かないで、「信じてほしい」なんておこがましい。トーゴから学ぶ、絶対に忘れてはいけない「つながり方」。

とにかく、トーゴでも大冒険してきたような気になっているけれど、それは全部、23歳旺ちゃんの手のひらの上で、大人たちが無邪気に安心して遊ばせてもらってきた、ということなのだと思う。

その4／不思議の国・トーゴでの1泊のホームステイ

前もってもらっていた私のホスト家族の情報には、10人家族だと書いてあった。旺ちゃんからは、その紙に書いてある人以外の人がいることもあるし、紙に書いてある人がいないこともある。=想定外のこともあるから、それも含めて楽しんでね、と言われていた。旺ちゃんが、丁寧に見つけてくれた、16軒のホスト家族。たった24時間のホームステイ。どんなにびっくりすることがあろうとも、きっと大丈夫。うん、大丈夫。でもやっぱりちょっと不安。それでも、なんでも笑顔で受け止めたいぞ！いざ。

さすが旺ちゃんが選んでくれたホスト家族。ほんとうに優しくて、どの人も柔らかく優しくハグや握手で、「ボナリヴェ」「ウェザロ〜〜」と迎えてくれた。そして私が「アッペカカロ〜〜（ありがとう）」

と言う度に、とってもうれしそうににっこり笑って、「よ〜〜〜、アッペカカロ〜〜」と返してくれる。エヴェ語はわからないけど、「よく来たね、うれしいよ」「ここに荷物置いて、え？　おみやげ？　うれしい！　」「一緒に食べよ、まずは手を洗って、何飲む？」何を言われているのかは全部わかる。大事にされていることも伝わってくる。ヤギも鳴いてるし、トーゴのお餅フフをつく「ぺったんぺったん」も楽しいし、おばあちゃんも15分に1回くらい「マミ〜〜」と名前呼んでくれるし、沈黙で困っちゃうようなことはなく、ほわわんと、そこに居させてもらって、ほわわんとホームステイがスタートしていった。

1時間近くまったりしていたら、息子のエチェがバイクに乗って帰ってきて、「これからバイクで山の家に行くよ。ズボンに履き替えて。荷物を持って」と。「あれ？　ここに泊まるんじゃないんだ。おみやげほとんど渡しちゃったな〜。」と想定外の出来事に少しだけたじろぐ。バイクで目指す山の家。人生初のバイク。かなりのスピード、そして道の悪さ。品良くなんて乗ってられない。必死で1時間エチェにしがみつく。もう着くかな？　あれ、着いた？　ここがその家？　あ、違うんだ。挨拶しに寄っただけ？　フランス語で自己紹介して、エヴェ語でありがとう言って、笑顔でトーゴ式の握手をして別れる。どの人が自分にとって重要人物なのかわからないから、1回1回の挨拶が手を抜けなくて笑顔もサボれない。挨拶だけでも結構消耗する。1晩の間に150人くらいの人と挨拶した。

ちょっと人が溜まっている集落を歩くと、子どもたちが。「ヨヴォヨヴォボーサン♪ヨヴォヨヴォボーサン♪」と肌の白い人を見かけたときのはやし歌を大合唱して寄ってくる。からかっているのかもしれないけど、笑顔だし、なんかうれしそうだし、かわいくて全然腹は立たない。異質なものを見た時に、知らん顔するのではなくて寄ってくるなんて、人間そのものを信じていないとできないことだなと思う。

そして、やっと「山の家」に着いた。山の家にはエチェのお父さんがいた。そしてその集落には、たくさんの人が正装して集まってきていて、女の人たちは大きなお鍋で大量の料理を作り、男の人たちはなにかお説教のようなものを聞いたり、透明のものすごく度の強いお酒（ソダビ）を、ショットグラスで一気に飲んだりして時間が過ぎていく。私のところにもグラスは回ってきて、マネしてグイッといってみたけど、喉が「カーっ！！」ってなって半分しか飲めなかった。私には、みんながお祭りの準備をしているように見える。いつになったら本番が始まるのかな～と思っていた。

エチェは暗くなり始めても相変わらず、手をつないで近所をあちこち案内してくれて、更にまた、会う人会う人に自己紹介をして、エヴェ語でありがとうを言って、トーゴ式の握手で別れる、の繰り返し。暗い中で挨拶していると、時に、「さっきも一度会ったよね」とか言われちゃって、あまりに挨拶しすぎて、どの人がもう挨拶が済んだ人かよく分からない。トーゴ式の握手は、慣れるまではちょっと難しい。「ぎゅっ、ぎゅっ、ん〜っパチン！」のリズム。最後までパチンと指を鳴らすところまでは上達しなかったけれど、回数を重ねたら、リズムとタイミングがバッチリ合うようになった。「ん〜パチン」のところは、お互い逆方向に少し歩き出しながら、指先だけ名残惜しい感じで残しつつの「パチン」。なんか呼吸が合う感じがしてうれしい。仲間になった感もある。でも、見るからに現地の人間ではないことがわかる私と握手をするのに、だれも「普通の握手」をしてくる人がいない。もし私がそっけない普通の握手しかしなかったらどう思うんだろう。別にそれならそれであんまり気にならないのかな。相手に働きかける時に、野暮な解説や前置きをしない。「こんな独自のやり方ぶつけても相手は困っちゃうかな？」とか心配しない。それはきっとことばのスタンスも同じ。容赦なくエヴェ語で話しかけてくるし、私がきょとんとしてもにこにこと目をそらさず楽しそうにしてくれる。だから私も「わからなくてごめ〜ん」という気持ちにならないで済む。「同じ人間だから、大体のことはもうわかってる」というスタンスからの関わり方。多言語人間の寛容さとポジティブさ。そして安定感。みんな本当に良い人だなぁ。

とっぷり暗くなった頃、トイレに行きたいとエチェに伝えると、「山の家」にはトイレが無いのか、「バイクに乗って」と言われて驚く！　バイクで3分飛ばして行ったところにある、エチェと奥さんと赤ちゃんのお家のトイレを使わせてもらった。あちこち動き回って、深夜になっても結局祭りは始まらず、どこに泊まることになるのかわからず、腰を落ち着けることの無いまま長い時間を過ごし、流れの中で赤ちゃんのいるお家のベッドを借りて、倒れこむように眠りについた。頭の中は「不思議の国」にいる状態の混沌のまま、鶏の声と箒で掃除する音で目が覚めて、目が覚めたのにまだ夢の続きを見ているような浮遊感。

5分後の自分がどこにいるのか、だれといるのか、何をしているのか予測がつかないなんて、物心ついてからは経験したことの無い感覚。私のできることは、その時目の前にいる人と一緒にいるだけ。できるだけ感じ良くにこやかに。それだけなのにすごく消耗する。とても気の利いたことなんてできない。もしかしたら10歳で親元離れて海外でホームステイするヒッポの小学生たちってこんな感じなのかな…って思ったりして、「楽しかった！」「何も困らなかった」って帰ってくる子どもたちのすごさを再確認。

そんなこんなで、心も身体も結構疲れていながらも、会う人会う人みんな優しくて感動いっぱいで、結局まだお祭りは始まらないな〜と思いながら、またバイクで1時間くらいかけて集合場所に送り届けてもらった。旺ちゃんとエチェは友だちで、二人が少し立ち話していると思ったら、旺ちゃんが私に「まみちゃん山の家行ったん？　葬式してたやろ」と。（驚！）あの、いつまでたっても始まらないお祭りは、お葬式だったのね……っ！　というオチです。誰も泣いてなかったな…。着ているものも超派手だったしな…。

帰ってきてからもこの1泊のホームステイを思い出すと、不思議な感覚になって、ちょっとクラクラする。整理は多分つかないから、このまま分析しないでしまっておこう。

その5／ジャパンフェスタで燃え尽きる

旺ちゃんが夢見たパリメでのジャパンフェスタ。トゴトゴ隊のみんながきめ細かく準備をしてきた着物ファッションショウ。私も何か役に立ちたい、何ができるかな？　と探りながらの時間。フランス語でいろんなことを伝えてくれる仲間がいる。日本文化を紹介するのに、着付けや書道や三味線など、様々な技を持っている人がいる。存在が眩しい若い仲間がいる。でも私は特に得意なものがない。日常もヒッポしかやっていない。私にもちょっと頑張れることがあるとしたら、「ソーラン節」と「大きな声を出せること」と「笑い飛ばせること」。

午前中の汗まみれの400人分のカレー作りは、調理器具も全く足りない中、包丁さえあればあっという間に済むであろう作業を、みんなで手分けして、その場にあるもので剥いたり切ったりした。私は何人かの仲間と玉ねぎとニンニクの皮むきの担当。地味〜な地味〜な涙がダラダラ出るポジション。でも、その地味さと涙をネタに、みんなで笑いあって作業するのが最高に楽しかった。司令塔はいない。それぞれが、自分の出来そうなことを自分で見つけて担当していく。うねうねと、一人一人が自分のポジションを探して立ち位置を見つけながら、マーブリングをするときの水面の絵の具が、水の流れに乗って少しずつ位置を変えながら混ざり合っていくように、それぞれの凸凹の個性がちょうどよく混ざり合って、最後は時間内に美味しいカレーがちゃんと仕上がった。その間、暑さと疲れで一人一人は結構ボロボロなのに、おしゃべりと笑いは絶えなかった。たぶんここまでの10日間で、「段取り良く、きちんとやる」ということより、「今一緒にいる人と、楽しくやる」ことの方が大事だということを、みんながもう知っていたんだと思う。たかがカレー作り、されどカレー作り、私たちがどこを向いて、何を大事にふるまっているのかが見える作業だった。

午後になってジャパンフェスタの会場に入り、またもやくっきりとした司令塔はいないまま準備が進んでいく。何しろ初めての場。誰も正解を知らない。カレー作りのスタンスと全く同じように、自分ができることを自分で探しながら、立ち位置を見つけていった。だれも止まっていない。会が始まり、私は、ソーラン節をステージの上で全力で踊り、ブースで折り紙やシールをどんどん欲しがる子どもたちの生命力を笑い飛ばし、カレーに群がる人たちに大きな声で「席に座って待ってて」と繰り返した。多分、私のできることはそんなこと。そして「想定外」がやってくるたびに、「嫌だな」ではなく、「そう来るならこうしたらいいかな?」と、頭の中で小さな作戦会議をしながらできることを探し続けた。同時に、ちょっと大きめの「想定外」がやってきたときに、なんの力にもなれない自分もいて、でも凹んでる余裕もなくて、目の前のことに応じていくのに精一杯。20人ほどのスタッフで、500人以上の人に楽しさと食べ物も提供しようとしている。しかも日本語は通じない。他の持ち場の人がどう過ごしているのかは全く見えないけれど、「トーゴの人に日本を知ってほしい。トーゴの人と楽しい時間を過ごしたい」と、みんなが同じ気持ちで動いていたと思う。同じ方を向いてバラバラな動きをしている。これって、ヒッポを作ったさかっちゃん*の言っていた「生き物のような組織」の縮図。一つの生命を維持し、成長していくために、全部の細胞がそれぞれのポジションを担っているような。

夕暮れ時、カレーも全部配り終わり、食べ終わった人たちが三々五々帰途につき、広い会場がゴミだけを残してガランと静まった。高校の時のバスケの真夏の練習後のような疲労感、両膝に手を置いて中腰の姿勢で動けない。そういえば会の後半になってからは水を飲む余裕もなかったな。懐かしさも感じる「体力の限界」。ちゃんとできたかどうかはよく分からないけど、みんなで確かにやりきった。大変だったけどやりがいがあった。先がほどほどに予想できることを組み立てながらがんばるのとは異なるがんばり方。一人でやるのではなくてみんなで作る充実感。暗い道を荷物を抱えてみんなで宿まで歩き、途中宿の向かいのお店でジュースやアイスを買って食べた。私はオレンジ味のアイス。染みるほど美味しかった。こんなに美味しいアイス、何十年ぶりだろう。文化祭後のような、運動会後のような、達成感。ちゃんとやりたかったんじゃなくて、楽しみたかった。みんなで作りたかった。ご褒美はトーゴの人たちの楽しそうな表情と笑顔。やっぱり大成功だったんだと思う。

*さかっちゃん：多言語活動の創始者、榊原陽氏の愛称

カメトゴに参加して、これから私は。

今を大事に生きていこうと心に決めて帰ってきたのに、たくさんのやらなければならないことが山盛りに待ち構えていた。効率よく動かないと間に合わない。明日のために今の時間を費やすことは避けられない。ここは東京。いつも時間が追いかけてくる。でも、アフリカ流にできることが残っている。「人とやる」こと。そして勝手に思い込んでいる「きちんとやる」という基準が、本当は大したことではないことに気づくこと。人と直接会うこと、ことばを交わすこと、体温を感じること、違いにいちいち引っかからないこと、笑えばたいていのことは飛び越えられること、自己満足な完成度にとらわれないこと、相手と自分がここにいることをありがたいなと思うこと…。そのくらいならちょっと意識すれば私にもできる。副作用があるとしたら、ちゃんとやりたい人を怒らせちゃうことかな。

今高校生の娘が10ヵ月のイタリア留学中で、送り出す側の自分も、苦手なことや、やったことのないことから、逃げないでチャレンジしたいと思っている。その中の最も大きなチャレンジが、今回のカメトゴ交流だった。

カメトゴ滞在中の2週間の間、毎日眠りにつくときには、どーっと疲れを感じて、「あー、今日も一日がんばった…」と思っていた。たいして自分から積極的に何かをやったわけではなく、肉体的にきついことにチャレンジしたわけではなくても、日々そこに身を置くことだけでも消耗してしまうことに驚いた。アフリカから帰国後、留学出発から3ヵ月ほど経った娘から届いた手紙には、「行く前にはだいぶ大きなことを言ってたけれど、来てみると、もう今日を乗り切るだけで『お疲れ、自分!』っていう感じ。」と書いてあって、その気持ち、よく分かるなぁと、激しく共感した。何かするから偉いのではなくて、もうそこに身を置いてくるだけで偉いと思う。しかも私はたった2週間の非日常を生きてきただけだけど、娘はそれを日常にもっていくところまでやって来るんだ。すごい! すごすぎる!「ちゃんと」とか「要領よく」とか「効率よく」とかが元々大好きな私は、子どもに対してもそれを求めがちだ。でもこれからはもう少し、緩やかな気持ちで見ていくことができそう。お互いに楽になれるかな。

カメルーンとトーゴに、行ってきてよかった。この仲間と行けてよかった。人間も自然の一部。もっと混沌としていていい。人間関係も、自分の考え方も、身の回りも、時間の使い方も…。そうすると多分、もっと大らかになれる。寛容でいられる。私もそんな人になりたいと、緩めに心に決めている。良い人生だな。みんなありがとう。人間っておもしろい。

カメルーンのために何ができるか。
そうだ、僕は農学部、安全な水のために
濾過装置を作ろう。

トット

乗上《のりがみ》 勇翔《はやと》

profile：龍谷大学 農学部植物生命科学科 2回生
出身・在住地：生まれも育ちも大阪府吹田市
好きなこと：料理　栽培
なぜカメトゴに？：旺ちゃんや他のメンバーから影響を受けて。
カメトゴに行って変わったところ：普段当たり前にあるものの価値
（どこでも飲める水がある。安心して食べられる食べ物がある）
メディアによる印象操作（自分の目でみることで本当に分かること）
ヒッポファミリークラブ：大阪府吹田市・べにべにファミリー所属

僕がこの交流で一番実感しているのは、なりたい自分にかなり近付けたことだ。

母の意向でお腹の中からヒッポファミリークラブに参加してた。小5で台湾に青少年ホームステイ交流に行った。向こうでの暮らしでほとんど中国語や台湾語を話さなかった。それはホストの祖母が日本語を話せたからである。当時の僕がこんな事考えていたかは怪しいが、ヒッポが交流で目的としている「家族になりに行く」というものは全くできずに悔しかったのだと思う。翌年にロシアに行ってリベンジしようとした。このロシア交流はリベンジ虚しくホームシックになり、トラウマとなってしまった。そして、中学生になり部活を理由にヒッポをやめてしまう。

高校2年の終わりに母が「今日はオープンファミリー*やから受験勉強の息抜きにがてらおいで」と言ってきた。久しぶりに行ったファミリー*は変わっていた。幼馴染はヒッポの高校留学から帰ってきて幼かった記憶とは別人であった。その時、僕はこんなに内向的でいいのかと自問した。もちろん答えはNOであった。そして、受験勉強で疲労していた精神を癒すかのように「ファミリー」は暖かかった。そして、雪の学校*で初めて会う人達と触れ合い、上海多言語合宿で仲間と同世代のすばらしさを知り、関西本部の高大生ファミリーでヒッポの意味や価値を見つけていった。さらに大学生から30歳までのユースキャンプに参加して、対抗心と挑戦意欲を身に付け、アフリカに行くことを宣言した。そして、ついに実現したアフリカ交流。びわこ合宿で誘われた時は「今しかない」と思った。

＊オープンファミリー：ヒッポファミリークラブの多言語活動の体験会　＊ファミリー：多世代メンバーが集い、多様な言語の音の波を楽しみながら、多言語を習得し、交流する地域の活動の場　＊雪の学校：毎年三月に長野県飯山市で開催される多言語交流のイベント

実際、目で見たアフリカは想像していたものとは大きく違った。想像では赤土に木造の平屋、広い空き地、地平線に沈む夕日などだった。しかし、百聞は一見に如かずヤウンデの町はものすごい人口密度でラッシュ時はそこら中で渋滞、小学校には広いグランドなんてなく教室さえも狭く感じた。

ホストファーザーは教授、マザーは歌手・踊り子・英語教師、女優もしているということでかなりいい暮らしをしていた。家に着くとウェルカムソングとケーキ入刀で出迎えてくれ、日本の自室の3倍ほどの大きさの部屋を与えてくれた。シャワートイレ洗面器付きだったがシャワーはほとんど出ず、バケツのお湯で体を拭いた。初日の夜、ベッドに入るとあることに気付く。蚊帳がないのだ。マラリアの予防薬は高くて買っていなかったので焦った。そして、案の定奴が来る。耳元でぷーんと羽音をならす奴が。暗闇の中タイミングをとって耳を叩く。3回目叩いた時、すねに激痛が走る。ほぼ丸一日のフライトの影響がここでくる。痛みが引くまで2時間ぐらい眠れなかった。二日目の夜はホストに頼むと蚊帳をつけてもらえた。9時ぐらいに外から爆音が流れてきた。何かのお祭りだったのか深夜4時ぐらいまで続き2日連続眠れなった。

この家庭はとても裕福でメイドが3人もいる。そして食卓は中華式のターンテーブルで毎日主食が変わる。トウモロコシや米、麺、芋など。ソファーもホテルのそれと同じ、テレビもうちのより大きい。そしてその部屋だけで生活できてしまう。ただ、それは嫌だった。青少年交流の二の舞いになるのだけは。だから、ほとんどリビングにいた。双子の赤ちゃんと遊んだり、折り紙を教えたり、ママにオク語を教えてもらえたり、曲をかけて一緒に踊ったり。スローライフを満喫した。ママのミュージックビデオのために10分間日本ぽい踊りをしてくれと頼まれ、それは実に苦行やった。ただ、言葉で困ったことはなかったし家族になれたと思う。

トーゴのホームステイは一日だけだった。ホストのコクはたくさんのエヴェ語を教えてくれた。その理由は1時間後にわかった。コクは野球チームの監督で練習に行くから僕を実家に預けることになっていた。コクの母と姉はフランス語も英語も話せないので教えてくれたのだった。実家ではコムといわれる料理を昼と夜に売りに行く。トウモロコシの粉を練ってトウモロコシの皮で巻いて蒸す料理だ。付け合わせソースにトマトと唐辛子を使うのだが石板の上に乗せ石ですりつぶすのは衝撃だった。そして、外灯もない十字路に木の椅子と机を出し一食50円ほどで売る。そこで日本式の「いらっしゃいませ」を教えた。そうこうしてるとコクが迎えに来て帰って寝た。朝1時間ほど踊ってまた実家へ。パリメ最大規模の市場に行ってトウモロコシを1トンほど買っていた。これで生計を立てているのはすごい。

そして、これは日本に帰ってきてから考えたことなのだが、ＪＩＣＡのマダムステラさんにまたカメルーンにおいでと言われて、自分がなにができるのかを想像した。そうしたら、農学部なのだから濾過装置を作って、どこでも安全な水を飲めるようにしたいと思った。進行方向も決まり自分に自信がついたこの交流はとても素晴らしかった。

私の中の青少年とお義母さん

ヤマちゃん

北山 洋子

profile：主婦　介護職員
出身・在住地：兵庫県丹波市・東京・千葉・埼玉で数十年過ごし二年前から兵庫県宝塚市
好きなこと：観劇　野球観戦（マー君大好き）　朗読
なぜカメトゴに？：なぜか行きたいと思った。何が私を呼んでいるのか確めに。
カメトゴに行って変わったところ：自分自身と向き合うことができた。いろんなことが楽になった。
ヒッポファミリークラブ：兵庫県尼崎市・園田アセールファミリー所属

カメルーン&トーゴへ行くプログラムがあると知って、なぜか「行きたい！」と思った。アフリカのこと何も知らないし、行きたいと思ったこともなかった。でも確かに今私は「行きたい！」と思っている。なぜだろう？　その気持ちを大切にしてみよう。そう思って参加することにした。あんなに遠いところで、何が私を呼んでいるのだろうかと。

伊丹空港で、さらに成田空港で大勢の仲間たちの見送りをうけて私たちは旅立った。ヤウンデの空港では、ホストファミリーたちがウエルカムボードなどを持って待っていてくれた。盛大なお迎えだ。

私を受け入れてくれたのは、チェンウィさん家族。ご主人Mr.チェンウィ（35歳）、奥さんのローズ（31歳）、息子のリヤン（6歳）、娘のキラ（4歳）、そして甥のディラン（12歳）だった。Mr.チェンウィは毎日とても忙しく、朝出かけると夜遅くまで帰って来ない。ローズは英語の教師になるために大学に通っていて、朝出かけて夕方5時半まで帰って来ない。

家は、車や人がいっぱいの賑やかな通りを少し入ったところにあって、今回のホストたちの中では一番街中に位置していた。そのせいか、水道はあったし、トイレも水洗、水だったけれどシャワーもあった。台所にはガスもあり、電気もステイ中は一度も停電しなかった。

空港から家に着くと、子供たちが私を迎えてくれた。しばらくするとMr.チェンウィは出かけてしまい、子供たちと家に残されてしまった。心細くなりつつも子供たちと折り紙を折ったりして遊んだ。甥っ子のディランが日本語を教えてくれと言う。早速いくつか教えるとノートに書き留めて一生懸命覚えようとしてくれた。

Mr.チェンウィが言った通り5時半にローズが帰ってきた。入れ替わりにディランが夜間の学校に出かけて行った。ローズは軽く挨拶すると早速夕食を作って出してくれた。私は、皆で食卓を囲んで、なごんできたらお土産を出そうと思っていたのだが、どうやら食べるのは私一人らしい。ステイ中基本的に食事はいつも一人。みんな食べる時間がバラバラだった。家族みんなで食卓を囲むと思い描いていたので、私は食べ物が喉につまりそうになった。

Mr.チェンウィは9時半を過ぎても帰ってこなかったので先に寝ることにした。ついにアフリカまで来たんだと言う感慨と共に、今回のホームステイに幾ばくかの不安を感じながら眠った。

2日目に、カメルーンの小学校を2校訪問し、3日目にはホストファミリーと一緒にヒッポパーティがあった。Mr.チェンウィは昨日の朝、元気な大きな声で「Good morning ! Yoko! How are you ?」と声をかけてくれた。出発前に、メンジさんから各ホスト家族の部族語で、簡単な挨拶をいくつか教えてもらっていた。私は、この日はMr.チェンウィの英語の挨拶に、彼らの部族語バフ語で「アベフー!」

と答えてみた。彼は眼を丸くして驚いて、そしてこの上なくうれしそうな笑顔になった。そして出かけて行った。

ローズは家にいたがずっと部屋にこもったまま。チェンウィ家の子供たちと、近所に住んでいるナイジェリアンの子供たちと遊んで過ごした。昼過ぎにローズの従妹のクローデットが来たが、やはりローズの部屋にこもったままだった。3時ごろ、みんなでパーティに出かけた。

会場に着くと三々五々、ヒッポメンバーがホストと仲睦まじく集まってくる。その様子を見て、私はホストファミリー（特にローズ）との距離が縮まっていないことを感じた。その代わり、子供たちはすっかり私になついてくれて、Yoko！ Yoko！ と寄って来てくれた。

4日目はホストファミリーと過ごす日だった。どんな一日になるのか。やはりMr.チェンウィは朝出かけてしまい、ローズはひとしきり家事が終わると部屋にこもってしまった。また私は全力で子供たちと遊んだ。

お昼過ぎにローズがリビングに出てきた。ここでくじけてなるものか！ と日本から持ってきた浴衣を出してローズに着てもらい、自分も来て写真を撮った。彼女には身幅がギリギリだったけれど、そこはおしゃれにこだわる彼女。写真を撮る時に見えないよう角度を工夫する。さすが！

その後、私のスマホの写真を見せていると、ローズが彼女のスマホでホストたちがアップしているものを見せてくれた。教会に行ったメンバー、楽しそうに踊っている大学生のメンバー、プランテイン畑に行ったメンバーetc. 私がローズに浴衣の写真をアップするように頼むとアップしてくれた。初めてアップしたようだった。

夕方6時からミーティングがあるというので、子供たちを置いてローズとバーみたいなところへ出かけた。そこにMr.チェンウィとローズの兄弟たちが集まって来て賑やかな飲み会になった。みんなで私にバフ語を教えてくれた。私がちゃんと言えると笑い、間違えても笑い、楽しかった。

この日は、先日のヒッポパーティのTV放映があった。お店のTVのチャンネルを変えてもらってみんなで見た。私が映ると大騒ぎ！ Mr.チェンウィの弟が、あれはカメルーン国営放送だと教えてくれた。少し私のことを見直したみたいな顔をしていた。11時ごろお開きになり、家の前のガタガタの坂道をMr.チェンウィとローズと三人で手をつないで下りた時、初めて受け入れられた気がした。

5日目は、JICAと大使館訪問があった。Mr.チェンウィとローズはいつも通り出かけてしまった。訪問は午後なので、それまではディランと二人きり。あまりに暇なので、一緒に散歩に行こうと彼を誘った。彼は、え～？ という顔をしていたが、一緒に来てくれた。

リヤンとキラの学校を見て、次にディランの学校を見に行った。学校の前に中年の男性が座っていて、ディランが「My friend」と紹介してくれた。今日は試験があるのでこの時間に来ているらしい。夜の学校に行ってるから友達もいろんな年代の人がいるのだろう。

帰り道、以前から気になっていたディランの両親はどこにいるのか聞いてみた。ノルウェーにいると言う。兄弟はいるの？ と聞くと、2人いるという。どこにいるの？ ノルウェーと言う。ノルウェー？　ディランだけカメルーンにいるんだ。あなたはノルウェーに行きたい？　と聞くと、行きたくないと言った。

彼の今の生活にはどんな事情があるのだろう？　ローズは彼に優しく話すけれど、Mr.チェンウィはかなり厳しく、取りようによっては冷たい言い方をするように見える。いろいろ想像してしまうが、これ以上は聞けなかった。


午後、ＪＩＣＡ訪問のために出かけた。今日はディランが送ってくれた。大通りでバイクを拾って、ドライバー、私、ディランと3人でくっついて乗った。最初は怖かったけれど、段々馴れてきて楽しくなってきてもっと飛ばして！　という気分。これは癖になるかも。

ピックアップポイントに着いたがなかなかメンジさんたちに会えない。ディランが段々不安になっているのがわかる。黒い顔が真っ青になっていくような気がする。彼はケータイを見て場所を確認したり、少しずつ移動してメンジさんを探している。

焦ったところで私は何の役にも立たない。思いっきりのんびりと構えている雰囲気を醸し出そうとした。「大丈夫よ。ディラン」と。焼け付くような暑さの中、車やバイクが行きかう大通りに2人で立っていた。やっとメンジさんに会うことが出来た。メンジさんがディランに何か言っている。何もわからないのがくやしい。ディランが悪く思われてなければいいなと思う。メンジさんの車に乗って次のピックアップポイントに向かった。ディランはまたバイクで帰ったと後で聞いた。

訪問が終わるとまたピックアップポイントでホストのお迎えを待つ。学校訪問の時もそうだったが、やはり私は迎えにきてもらえない。最後に他のホストが近くまで送ってくれた。Mr.チェンウィもローズも忙しいんだからしょうがない。むしろ忙しいのに受け入れてもらったことに感謝すべきなのにさびしいという感情が頭をもたげる。

この日はホームステイ最後の夜だった。「It's the last night」とローズに言うと、特に残念そうな様子もなく「Yes」と言い、明日も私は出かけると言った。そして、「明日のフェアウェルパーティは、ゲストはアフリカンドレスかヒッポのTシャツ。あなたは持っていないからTシャツね」と。

確かに私はアフリカンウェアは持っていない。他のメンバーは会うたびにアフリカンウエアを着ている。それが、ホストとの距離を表わしているようで、私には辛かった。おそらくチェンウィ一家はパーティに来てくれないだろう（と私は思った）。交流Tシャツを着て一人。それは淋しすぎる。

私はローズに買物に行きたいと言った。彼女は「Yes」と言ってくれたがいつ行くとは言わなかった。

アフリカに行くと決めて、まず私がしたことはオカリナを習いに行くことだった。前からやりたかったし、オカリナなら小さいから持っていけると思った。

最後の夜だから感謝の気持ちを込めて吹いてみたが、「Yokoが何かやるからTV消して聴こうよ」

と言う雰囲気にはならず、TVつけっぱなし。子供たちはTVを見ながら時々私の方をチラッと見る程度。なんだか頭の中で「チーン！」と音がするようだった。悲しくなってきて一曲でやめると、結局子供たちのおもちゃになって終わった。

この夜からひどい下痢をしてしまった。とてもお腹が痛くて何度もトイレへ行く。心細くて、淋しくて、情けなくて…こんな状態でトーゴへなんて行けるんだろうかと不安になって、ついに涙が出てきた。泣きながら、今までヒッポで聞いてきたいろんな人の交流話を思い出した。淋しくて泣いた話、体調崩して下痢したり吐いたりした話、自分の楽しかった韓国交流のことetc.

ファミリーのみんなが書いてくれた寄せ書きをベッドの枕元に置いていた。「向こうで泣きたくなったら見てね」と誰かが言って、そんなことあるかなあとその時は思った。まさか本当にそんな時が来るなんて。

翌朝、お土産を買いに行けるのか不安になっていると、Mr.チェンウィが9時に出かけなければいけないのだが8時から買物に連れて行ってくれると言う。何を買いたいのかと聞かれて、アフリカンウエアと言った。

Mr.チェンウィが連れて行ってくれた店には、黒のベルベットの生地にカラフルな色の糸で刺繍を施したドレスが並んでいた。Mr.チェンウィが、カメルーンの北西部の服だと言って薦めてくれた。カメルーンのCFフランで買いたかったが足りないのでユーロを足して買うことにした。お店の人とMr.チェンウィで一生懸命計算してくれた。

無事にアフリカンウエアが買えた。タクシーに乗って家に帰ると、「今日は別のシスターが送っていく」と言って彼は大急ぎで出かけて行った。忙しいのに買物に連れて行ってくれてありがとう。


またディランと2人になった。彼は豆を洗って蒸して何かの料理の準備をしている。

一段落した頃、私は彼にバフ語の自己紹介を教えてもらって動画も撮った。これに限らず、彼にはこのホームステイ中、本当にお世話になった。私は彼に心からお礼を言った。

「You helped me very much. Thank you !」

彼は、夜の学校に出かける時には「イッテキマス」。帰った時には「タダイマ」と私が教えた日本語を一生懸命使ってくれた。手紙を書いてねと、私の手書きの名刺を渡した。彼が手紙をくれたらどんなにうれしいだろう。


ディランがランチを食べるかと聞いてくれたがお腹が痛くて食べれなかった。2時半頃リヤンとキラが帰ってきた。ナイジェリアンの子供たちも遊びに来て、一緒に紙風船で遊んだ。

3時半頃私がスーツケースの整理を始めると、リヤンが私がもうすぐ行ってしまうと気が付いて「Don't go to Togo, Yoko !」と言ってくれる。私がプレゼントした塗り絵を持って部屋に入ってきて一生懸命塗り始める。かわいい。

4時ごろ荷作りを終えてどんなシスターが来るのかと待っていたらMr.チェンウィが帰ってきてくれた。ディランがスーツケースを持ってくれる。リヤンとキラが門のところまで見送りに来てくれた。リヤンは泣いていた。ありがとう。楽しかったね。

Mr.チェンウィはピックアップポイントまで私を送ってくれた。その時は、パーティで会おうと言って別れた。

パーティ会場へ着くとみんなアフリカンウエアを着てホストと一緒にレストランに来ていた。私も買ったばかりのアフリカンウエアを着て行った。他のメンバーのホストたちが私のドレスを見て、「かわいい！」と声をかけてくれた。メンジさんの奥さんが、それはカメルーンの北西部の服ですとうれしそうに言ってくれた。

パーティの最後に、少し高くなっているところでホストとゲストがスピーチする時間があった。やはり私のホストは来てくれず、ホストファミリーがいないのは私だけだった。最後に私の順番が回ってきた。私は、チェンウィ一家が忙しいのにもかかわらず私を受け入れてくれたこと、出来る限りのことをしてくれたことに感謝していると言った。そして準備の時からずっと歌ってきたヒッポCD*のフレーズをフランス語で伝えた。感謝の気持ちを表す場面だった。メンジさんがホストの代わりにそばに立っていてくれて、みんなも暖かく拍手をしてくれた。こうしてカメルーンでのホームステイは

＊ヒッポCD：多言語の環境をつくり出すオリジナルストーリーのマテリアル

終了した。

次の日、私たちはカメルーンを離れ、トーゴに向かった。そこでカメルーンでのホームステイのシェアをした。実はさびしかったと話した。ホストファミリーは忙しい中受け入れしてくれて、出来ることは全部してくれたとわかっているけれど、ホストと仲睦まじい皆の姿を見るのは辛かった。他のホストと比べてしまう自分も嫌だった。でも子供たちとはいっぱい一緒に遊んで来れた。青少年の交流報告でさびしかった話もよく聞いたよなと思いつつ。

トーゴでは、一緒に行ったメンバーと合宿生活をしながらジャパンフェスティバルの準備をした。その間に1泊のホームステイもあった。

私のホストはその年に結婚したばかりの新婚さんのミシェルとジャンヌだった。ミシェルはとても落ち着いた感じの青年、ジャンヌは予想通りのはにかみ屋で優しい女性だった。

ミシェルは、オラース家までバイクで迎えに来てくれた。バイクの後部座席に座って、彼のお腹に手をまわしてしがみ付く。カメルーンより幾分ましとはいえ、やはりかなりのデコボコ道だ。揺れる度に「あっ!」と声が出てしまう。その度に後ろを振り返って「Ça va?」と聞いてくれる。「Ça va!」と答える私。

2人は2、3軒の親戚と同じ敷地内に住んでいて、子供たちも数人いた。キラキラの目をした子供たちと一緒に遊び、ジャンヌとエヴェ語と日本語を教え合い、ミシェルが帰って来ると3人で同じお皿の料理をつつき、次の日にはジャンヌが私のために服を縫ってくれた。私もジャンヌに浴衣を着せて写真を撮った。次の日バイクに3人で乗って送ってくれた。本当に幸せな1泊ホームステイだった。

この頃にはお腹の調子もだいぶ戻ってきた。ジャパンフェスティバルも無事にやり終えることが出来た。


トーゴでの日程を終えてエチオピアに向かう飛行機の中で、カメルーンに行っていないメンバーにカメルーンでのホームステイの話聞かせてと言われた。思い出して泣いてしまったらどうしようかと思いつつ、話し始めた。すると、悲しくない自分に気が付いた。不思議だった。

そのことを話すと彼女は、「青少年みたいだね」と言った。ヒッポファミリークラブでは、小学校5年生から韓国やロシアなどに2週間一人でホームステイに出かける。楽しいことばかりではなく、辛かったりさびしかったりしたその時の体験が何年かかけて別のものになっていくのを何人も見てきた。それを自分がやってしまった気がして、自分の中の青少年を見つけた気がしてうれしかった。


そしてもうひとつ気が付いたことがあった。アフリカに来た理由だ。

私たち夫婦は、義母の介護のために埼玉から関西に引っ越してきた。諸事情で実家で同居は無理なので、義母には平日はケアハウスで過ごしてもらい、土日は私たちが迎えに行き、実家に連れて帰って一緒に一泊し、またケアハウスに送って行く生活をしている。これが私たちが今できる精一杯のことだ。

しかし、義母は義父が亡くなってからずっと「こんなはずじゃなかった」と言い続けている。私は夫より先に死ぬはずだった。家があるのに、子供がいるのになんでケアハウスなんかで生活しなくちゃいけないのか。こんなはずじゃなかった。子育て間違えた。さびしい。

何度も聞かされた。気持ちはわかるけど、ちょっと違うんじゃないか。

「こんなはずじゃなかった」って嘆いてばかりいても何も始まらない。そうなってしまってもちゃんと前を向いて立っていられる自分になっていなくちゃいけない。そう思うようになった。でもそのためにはどうしたらいいんだろう。

そんな時アフリカ交流の話を聞いた。「行きたい」と思った。その時はなぜ行きたいと思うのか自分でもわからなかった。でもわかった。将来「こんなはずじゃなかった」という境遇になっても前を向いて立っていられる自分になるためのヒントがアフリカにあると思ったのだと。

そして来てみたらどうだっただろう。カメルーンにいたのは義母と同じように「こんなはずじゃなかった。さびしい」と思っている私だった。アフリカで私を呼んでいたのはこれだったのか。

出来ることを精一杯やってもらっても「さびしい」のは事実だった。義母もやはり「さびしい」のだとよくわかった。「こんなはずじゃなかった」状況になったら、まず今自分が前を向いているかどうかに気付くことが大事なのだと思った。

今は、義母の言葉を事実として受け止めることが出来るようになった。自分が変わると相手も変わると言うが、義母との関係が少し楽になった。これが、カメルーンでもトーゴでも夢のようなホームステイをしていたらどうだっただろう。何も気づかず、ただの逃避行で終わっていたかもしれない。この体験はアフリカでなくても出来たかもしれない。けれど、想像もつかないアフリカだったからこそ行ってみようと思ったのだ。アフリカだったことはやはり意味があった。

帰国して、「アフリカ行ってどうだった？　異文化体験してきたんでしょ？」とよく聞かれる。確かに、カメルーンの町の混沌とした感じ、スポンジのように何でもすぐ吸収してしまいそうなキラキラした目を持つ子供たち、独特のアフリカの音楽のメロディーとリズム、英語＋フランス語＋部族語が混ざった言葉など興味深いことはたくさんあった。

しかし物がないかと言うとそうでもなく、十分生活できるだけのものはあった。日本にはなくてもいいものがありすぎるだけだと思った。水やトイレについても、私が子供の頃にはまだ家には竈があったし、水洗トイレではなかった。洗濯機もたぶん私が生まれる前はなくて、洗濯板と固形石鹸で洗っていたはずだ。私がステイしたところに関して言えば、記憶を遡っていけば想像出来る範囲内だったと言える。

カメルーンの他のホストファミリーの多くは、常に家に誰だかわからない人がいて、一緒に食事をしたり泊まったりしていて、どこまでが家族なのかよくわからなかったという話を聞いた。しかし、私の場合トーゴのホスト家族は、敷地の中に何軒かの親戚と一緒に生活していたので、お互いに助け合っているのだろうと想像出来た。しかし、カメルーンの家族に関してはステイ中訪ねてきたのは従妹が一人だけ。後は、近所の子供たちがなだれ込んで来ただけだった。両親が二人とも日中出かけている等、日本の核家族の生活とあまり変わらない印象だった。アフリカでも都市部では段々核家族化されつつあるのだろうか。

異文化体験をして来た実感がないと言っても、何も感じなかったわけではない。アフリカに行ってきたことを何か自分の生活に残したいと思った。

アフリカに行くにあたってポケットティッシュをたくさん持って行ったが、日程が長いのでなくなるのが心配であまり使わないように心掛けた。すると、普段いかに無駄に使っているかを感じた。アフリカの家にはティッシュペーパーなんて置いてなかったし、ローズはパーティに出かける時、道沿いの店でポケットティッシュを一つだけ買ってバッグにしのばせて出かけて行った。そう。それで十分なのかもしれない。帰国してから食事の時はティッシュを使わずおしぼりを使うことにした。紅筆を拭いたくらいでは捨てなくなった。

ストレスにならない程度に、でもこれは続けていきたいと思っている。

帰国して半年以上過ぎた。

今回のカメトゴメンバーは、海千山千のすごいメンバーたちだと思っていた。特にフェロウ（ヒッポファミリークラブの地域の活動主宰者）たちは、本当にヒッポの活動が好きなんだとつくづく思った。私も好きだから、20数年やめずにいて、そしてアフリカに行ったのだけれど、比較にならない気がした。更に、それ以外のメンバーたちも含め、どうしてこんなにしなやかに強いのだろう。私と何が違うのだろうかと考えた。

人に会う数が半端なく違うのではないか。

大勢の人と出会うこと。生涯の宝物になる出会いもあれば、「こんなはずじゃなかった」出会いもたくさんあったのではないか。それに傷ついたり、乗り越えたり、台風のように過ぎ去るのを待ったりしているうちに、あんなにしなやかに強くなっていったのではないか。

多言語の国の人たちもまた然りで、いつどんな言葉に会うかわからない環境の中で、わかるわからないに関わらず、どんな言葉に出会ってもおびえることなどなくなったのではないか。彼らの辞書に「こんなはずじゃなかった」などという言葉はないのかもしれない。

帰国してからもカメトゴメンバーの話を聞く機会が何度もあった。多くの人が「多言語の国の人たち」の話をする。しかし私は、アフリカへ行った話となると、どうしても自分のホームステイそのものに目が行ってしまう。この違いは何なのだろう。最近わかってきた。みんなはアフリカで人と向き合ってきたけれど、私は自分と向き合ってきたのだと。自分と向き合うのに精いっぱいで、例えば目の前にある「水」を、自分にとって「安全かどうか」とは思ってもそれ以上思いを巡らせることは出来なかった。

「私の中に青少年がいた」のではない。私は「青少年そのもの」だったと今思う。小5で韓国、台湾、ロシアなどに行く子供たち。

けれど、私にとって自分と向き合うことは必要だった。これは掛け替えのない経験だった。私にとって課題だった「こんなはずじゃなかった状況になっても前を向いていられるようになる」ためには、「こんなはずじゃなかった経験をたくさんすること」に他ならない。

帰国した日、成田のホテルに一泊した。次の日空港に向かうバスで偶然、アメリカに帰国される大和田康之先生（言語交流研究所・LEX America 理事）にお会いした。言語交流研究所の創設者榊原陽さんの幼馴染で、今もヒッポの活動を応援してくださっている方だ。

先生は、「話しかけてくださってありがとう。話しかけることが友達を作る第一歩ですよ」とおっしゃった。この話をヒッポのメンバーにシェアすると、その反響の大きさに驚いた。皆がうらやましがってくれる。先生にお会いできたのがなぜ私だったのだろうとその意味を考えてみた。それは、私が一番先生のその言葉が必要な人間だったからだろうと、今思う。

さあ、次は小中学生の青少年交流、高校生1年留学、大学生のワールドインターンプロジェクトなどにチャレンジする気持ち、今からでも遅くない。私なりの冒険の旅に出かけなくちゃ！

この仲間と一緒にアフリカの冒険に旅立つんだ！
その高揚感。そして未知すぎて出てきたことばが
「生きて還るぞ」みんなが中央に手をあわせて。

みらべる

関根　寿美子

profile：言語交流研究所研究員・フェロウ　久喜中学校学校運営協議委員　女《ひと》と男《ひと》いきいきネットワーク久喜副会長　主婦
出身・在住地：生まれも育ちも埼玉県久喜市
好きなこと：音楽を聴くこと（特に Rock music ／昭和ポップスmusicも好き！）ライブに行くこと（音楽・お芝居など）旅行　ドライブ　HiPPO の活動
なぜカメトゴに？：当初は、昔受入れしたトーゴのビロンケさんの国に行きたい！だけ。一生に一度はアフリカに行きたかった。
カメトゴに行って変わったところ：生きる姿勢が純粋になりました。
ヒッポファミリークラブ：埼玉県久喜市・ロープ☆ロープファミリー主宰　エンジェルファミリー所属

２０１７年の7月下旬、ヒッポファミリークラブの交流プログラム企画で「カメルーン&トーゴ」家族交流が発表されました。私は一瞬にして16年前の受け入れホームステイで我が家にいらした、「トーゴ」のビロンケさんを思い浮かべていました。それと同時に、その頃の私の「多言語」・「世界」観も思い出していました。

多言語・世界…。この二つに触れたくて、私は娘と一緒に１９９８年にヒッポファミリークラブの活動を始めました。当時1歳2カ月の娘と一緒に出掛けるところは公園だったり、市単位の育児サークルだったり。その時間も大切でしたが、もっと何か日常に変化を求めていたころ、地域にこの「多言語」の活動がある事を知りました。講演会に参加して、赤ちゃんからシニア世代まで老若男女が平らな関係性で一緒に遊ぶというスタンスに魅力を感じました。そして、私が小学生の時によく見たテレビ番組の【兼高かおる・世界の旅】のように、世界の家庭もイメージすることのできるような気もしました。

活動を始めて2年程たった頃、ヒッポのプログラムで募集していた、ＪＩＣＡのホームステイ受け入れに申し込みました。我が家にいらした方がトーゴのビロンケさんでした。初めてのアフリカの方。褐色の肌の方。フランス語圏の国らしい。世界地図を広げてその国を探したり。…世界には憧れているものの、まだまだ生粋の島国根性でドキドキ・ワタワタしている自分を知りました。

ビロンケさんは、とてもスマートでエレガント。そしてフランクでした。緊張の様子もなく、自然に我が家を訪れて、日本の生活スタイルを体験。布団にえらく感動していました。彼女はことばに困っていませんでした。私の話す日本語と彼女の話すフランス語・英語でのコミュニケーション。それでも最終的には通じ合っていく不思議な感覚。彼女に出会う前の私は、多言語の活動をしていても、分からないことの多さに辟易していた部分もありました。赤ちゃんのように…と意識しようとしても、なかなかそこの感覚さえも分からない。ことばの意味が分らないことのストレス。これは、どうやったら拭えるのか。ビロンケさんとの出会いから、彼女の自然な姿から、今まで分からないことばかりに意識が向かい、自分でストレスを溜めていたことに気が付きました。私の中の「ことばと人間」を新しく塗り替えてくれた受け入れでした。

そんなことを懐かしく思い出し、カメトゴ交流の計画を知った際、無意識に「ビロンケさんに会えなくても、彼女の生まれ育った国に行きたい！」と心の何かが弾けました。思い切って家族に相談。娘はアフリカという事に心配し、夫は「有り得ない！」と。気が付くと食卓を囲んで説得する日々。いつも反対されると「…だよね～」と、行けない理由を引き寄せて諦めていた私が、「行きたい！その理由が16年前のビロンケさんとの出会いから生まれている」と伝え続けていました。そうこうするうちに、反対の声がなくなったので（行っていいよーの声もなかったけれど…）、行くための準備をしていきました。暗黙の了解のうちに、我が家の空気も一変していきました。

カメルーン交流

11月22日にカメルーン＆トーゴ家族交流参加者が成田空港から飛び立ちました。この仲間と一緒にアフリカの冒険に旅立つんだ！　その高揚感。そして、未知すぎて出てきたことばが「生きて還るぞ」みんなが中央に手を合わせて。今から思うとなんて失礼な！　掛け声でしょう。でも、それだけ、アフリカは私にとって未知の大陸だったのです。

エチオピアのアジスアベバでカメルーン行きとトーゴ行きがそれぞれ分かれて、飛行機に乗り換えました。私はカメルーン・トーゴ交流（カメトゴ隊）なので、カメルーンのヤウンデへ。到着すると暑い太陽の中、各ホームステイ先のホストが満面の笑顔で迎えに来てくれました。

この交流は、まりんしゃとハルさんご夫妻とカメルーンのメンジさんの日本での出会いと絆からがきっかけでした。そして、メンジさんがご結婚され、第一子のお子さんを「ハルシ」と命名。日本で留学生だったメンジさん。日本の【父】として交流を深めていたハルさんの名前にしたという話に、国や人種などはるかに超えた同じ人間の平らを感じました。カメルーンでの再会。その場にいた私たちも感動しました。この出会いがあったからこそ、私たちは今、この地を踏むことが出来ているのだなぁ。ヒッポの奥深さの心髄。

私のホストファミリーは、アサンチェさん家族。お父さん・お母さん・5歳のフォートリスちゃん・3歳のアシムくん・1歳のシャニールくん、そして10歳のブリッシーちゃん（お母さんの姉妹のお子さん）。同居人でお子さんの子守りをしているリタさん（23歳・15時から職業訓練学校に通う）・共同井戸の水を汲んでいるリタのお兄さんローマンスさん。最初、いろんな人の出入りがあって、どの人が誰でどんな関係なのかわからなくなり、お父さんに家族の相関図を教えてもらいました。

カメルーン交流では、とにかくメンジさんのリクエストの「ヒッポを伝えたい」を中心に日々を過ごしました。（現地の小学校2校でのヒッポタイム。国際理解授業の参加。ヒッポパーティ。ＪＩＣA訪問、日本大使館訪問 etc.）

小学校訪問では、ＳＡＤＡ*やメタ活*、日本の紹介など。２５０言語の国の子ども達は、初めて出会うことばや日本のことに興味津々。目をキラキラさせて、日本語のことばも見事に真似してくれました。本当に新しいことばに恐れを抱かない！　怯まない！　ことばの意味を探る前に、リズムとメロディを捉えながら、日本語らしさの「音声」で返してくる彼ら。これだ！　これが、ことばと人間の在り方だ！　と身震いしました。赤ちゃんのやり方。飽くなき好奇心のかたまり。これは、【生きる力】に繋がっていく。そして、素直さ。これまでの私に、わかったようでわからないままだった「赤ちゃんのやりかた」。そのことを目の前で見せられた感じでした。あの、身体から、内側から湧き出す感覚。これがしたい！　これなんだ！　それは、まさに私が求めていた感覚でした。

アサンチェさんの家は、市内から20分程の高台にありました。周りは赤土に急斜面の道路。でこぼこ道での車の運転はテクニックが必要。空港から家まで向かった際に、私は車の中で、上下左右に揺られ「まるでインディージョーンズの一場面のよう！」とお父さんに話したら、「これがカメルーンだよ」と笑顔で返してくれました。

家が高台にある…という事で、お父さんが仕事の時は、家で過ごしました。お母さんの内職の手作りピーナッツ菓子の袋詰めを手伝ったり、家にいる人に折り紙を教えたり。みんなが見当たらないと

＊ＳＡＤＡ（サダ）：Sing Along！Dance Along！の略。世界の歌や音楽と共に歌ったり踊ったりすること

きはお昼寝タイム。緊張感などまったなく、過ごすことが出来ました。それは、アサンチェさん家族が、とても自然に私を受け入れてくれたから。私はどんどん素直になっていく感覚を味わっていくのでした。そこでは、いくつか？　たくさん（笑）の出来事がありました。

こんなこともありました。子守りをしているリタさんが23歳ということで、「私の娘は20歳だから、リタは私の娘みたいね」と話しかけたら、リタさんはちょっとの間をおいて「あなたが私たちにとって娘のよう」と、笑顔。それくらい、私はこの地では何も出来ず、家族が頼りでした。そして、そのように返してくれることが、純粋に嬉しい。自然に会話を楽しんでいる空間が、あらゆる場所に溢れていました。そんなカメルーンでワンエピソードは、ある少女との出会いが挙げられます。

折り紙の少女

その折り紙の少女とは、10歳のブリッシーちゃんです。彼女は家のお手伝いをしながら（私の身のまわりのお世話・食事の支度や後片付け・食後の掃除のほうきかけ etc.）、ここから学校に通わせてもらっていました。彼女は手が空くと、いつも私の姿を追って遊んでくれました。

ある日の午後、私は家でSADAの練習をしていました。他の子ども達も楽しく踊っていましたが、最後まで一緒に踊ってくれたのが、彼女ただひとりでした。次の日の夕方、ヒッポパーティで、その曲が流れました。すると彼女は「私、知ってる！　踊れる！」と、アイコンタクトを送ってきました。その瞬間の輝いた表情は、私の心に焼き付いています。ブリッシーちゃんとのふれあいは、幾重にも

＊メタ活：Meta language activity の略。どんなことばでも、聞こえるままにメロディやリズムをとって歌うように口ずさむ

心に波打つ発見に満ちていました。

私は家での時間は、家族の誰かしらと折り紙を楽しんでいました。一枚の紙が魔法のように形を変えることの不思議。彼らにとって、アメージングだったのでしょう。

ある時、私が持ってきた折り紙の本を、ブリッシーちゃんがパラパラとめくっていました。そして、『ティッシュケース』をリクエストしてきました。私は一度も作ったことがなかったので、「ごめんね、出来ないの」と断り、自分の折れる鶴などを折り続けました。50分ぐらい経った時、彼女が私の背中を軽くたたくので振り返りました。すると、彼女の手の上に『ティッシュケース』の折り紙が！　それはしわくちゃでした。テーブルの上には、新しい折り紙は山ほどあるのにも拘わらず、彼女はたった一枚の折り紙で、それを完成させたのです。日本語で書かれている本を眺め、手掛かりにして、規則性を自分で想像しながら、何回も何回も折り続けていたのです。彼女の折ったしわくちゃの『ティッシュケース』は輝いて見えました。同時に、私は何をやっているんだと情けなくなりました。目の前の人と楽しむ。それが交流の基本なのに。彼女のやりたいを断るなんて…。そんな私に、ブリッシーちゃんは屈託なく私にできたことの喜びを知らせてくれる。それも、しわくちゃの紙で折り続けた、ピュアな心まで届けてくれました。ネガティブな気持ちを引きずらない。それに囚われることに意味がないことを10歳の子でも知っている。楽しいこと・嬉しいことは、タイミングを逃さずシェアする。その文化がこのアフリカに息づいている。…ブリッシーちゃんとのふれあいから、どんどんピュアな空気が私の中に流れていきました。

これは、この交流に流れているベースだと、帰国後このカメルーン&トーゴ体験の話をしていくうちに気が付くことになりました。

トーゴ交流

カメルーンの濃い交流の後、カメルーン隊はトーゴ隊と合流。これからは、旺ちゃん企画の『ジャパンフェス』をやりきる！　でも、斬新過ぎてどのように動くのか、想像できていませんでした。ここまでくると、目の前のことに恐れない・楽しむ感覚はなんとなく身に着けていました。トーゴ隊のみんなは、本当にジャパンフェスに向かって根を詰めて準備をしていました。もう、それはプロフェッショナルな動き。パワフルでした。

トーゴで感じた昭和

トーゴのホームステイは1泊2日。ホストファミリーは、Noagbewonouさん家族。お父さんとお母さん、小学高学年~低学年くらいの年恰好のお子さん4人。上から、3人男の子で、シーリルくん・マーセルくん・ディディールくん。一番下が女の子のイーネスちゃん。6人家族です。1泊2日なので、あっという間のふれあいです。ここで印象的だったのも折り紙。ここの家族が…かもしれないのですが、折り方で大切なポイントを伝えると、即座に理解して丁寧に折りました。なので、仕上がりもきれい。

ここでも好奇心旺盛な子どもたちと遊びました。ことばのキャッチボールも楽しかったです。夜には停電になり、暗い中でろうそくの光、テラスで食べる夕食は趣がありました。遠い異国の夜。暗闇の中で、持参した音源から流れるSADA曲。日本語の『メッセージ』を楽しく歌う子どもたち。様々な国の音楽やことば。「音」そのものを楽しんで声に出している様子は、なんというか、人間の本質をみたような気がしました。ここでも、アフリカの子どもたちのリズム感・身体能力はすごい！　日本語を「音声」にする力に驚かされました。本当に日本語らしさを自然に捉え、意味に囚われることなく音を楽しんでいる。しかも、それが日本語だとは意識していない。だって、多言語で流れているのですから。聞いたことのないことばに好奇心を持ち、同じ音声を重ねただけ。それが、日本語ネイティブの私には見事な日本語に聞こえるのだから、ビックリ。そんな暗闇の中でも緊張もせず、ホスト家族と過ごすゆったりとした時間。不思議なくらい自然体でした。食事もとても美味かったです。

（カメルーンでもトーゴでも食事は美味しくいただきました）

翌朝、『ザッザッ』という音で目を覚ましました。窓からその音の方を覗くと、子どもたちが門からテラスまでのアプローチをほうきで掃いています。つるべ式の井戸から水を汲んでいます。アプローチが汚れているかいないかに拘わらず、日課として掃かれているようでした。ここのお子さんは、毎日家庭の中でお手伝いをしている。家族の一員として出来ることを見つけ、当たり前のように働いている。…ここで、私は自分の小学生時代の夏休みを思い出しました。当時、３人姉妹のお手伝いが日課で、交代制でした。庭掃除・玄関掃除・廊下の雑巾がけ・トイレ掃除…。それは、汚れていようが汚れてなかろうが毎日のお仕事でした。もう、はるか昔の出来事なのに、目の前のアフリカの子どもたちの動きに懐かしさが込み上げていました。トーゴの中に『昭和の感覚』を感じた出来事でした。『清貧』という言葉が頭に浮かびました。

ジャパンフェス

ジャパンフェスの前日、みんなでチラシを撒きに、パリメ市内に繰り出しました。私達は道端のお店に入ったり、道でくつろいでいる人に話しかけ、チラシを受け取ってもらったりしました。チラシを撒きながら、写真を撮ったりもしました。ある時、大きなバイクの二人連れの若い男性が、すごい剣幕でクレームを伝えに来ました。「写真を撮るな」というクレームでした。この2人、体格が大きいし、サングラスもしているし、大型バイクにも乗っているし…。普通だったら、ビビりまくりで泣きが入りそうな状況です。なのに、描くても「デゾレ～ジュスィ デゾレ～! ジュ スィ デゾレ～」と大きな声で謝り、チラシを指しながら「アドゥマン イシ ジャポネフェス! ベンベニュ!」と続けたら、チラシを受け取ってくれました。笑顔でサル～と別れた時は、ホッとしたのと同時に嬉しさも込み上げていました。そして、ジャパンフェスにむけて、みんなが全力で準備のため思いを注ぎ込むことになります。

その当日―。着物のファッションショウ担当者は早めに会場へ。残りのメンバーは、カレーライス400食分&クレープ作りに集中。包丁を持ってきた人が少なく、材料を切る作業はどんどん原始化されていくようでした。（笑）４００食、果たして間に合うのだろうか？　私たちは、自分たちだけで４００食のカレーライス＆クレープを作らなければならないとの思い込み、日本での準備会では「出来ないよ！」と話していました。ところが、肉の買い出しから処置まで、現地の若者が手伝ってくれました。そうだった！　一人ではなくて、みんなと。一つの国の仲間だけではなくて、平らな関係の中で国のボーダーを超えて、目標に向かっていく。その場にいる仲間、みんなが、作り手だということ。それは、ジャパンフェスをやり遂げるんだ！　というパワーの源に繋がりました。日本人とかトーゴ人とか関係なく、ジャパンフェスの成功のために動こうとしている仲間がそこにいました。

午後２時からジャパンフェスは始まりました。それぞれ日本を紹介するブースを設け、着物の着付け・習字・三味線・日本の手遊び（手遊びや折り紙）・和名コーナーがありました。私はヤマちゃんと『和名コーナー』を担当しました。ヤマちゃんと私は、埼玉県久喜市のヒッポでの長年の付き合いでした。数年前に諸事情で、ヤマちゃん夫妻は兵庫県の宝塚市に引越し。とても寂しく思っていたところ、この交流に一緒に参加することに。何をやろうか？　何が出来るのかな？　と、話しながら準備を進めていきました。和名コーナーは、予め名前のメニュー表を用意しました。思いつくままの名前なので、お互いの知り合いの名前でしたが。その中には、私の亡き両親の名前も書いてありました。なんと、その名前を選んでくれた子どもがいました。トーゴでセカンドネームの和名に父〈康治《ヤスジ》〉と母〈光子《ミツコ》〉の名前を付けたお子さんがいる。その場限りだとしても、なんて夢のある話だろう、狙ったわけではないけれど、心がじんと熱くなりました。

ブースタイムが終わると、ステージ発表です。カメルーン隊は、何度目のプレゼンテーションになるのでしょう。今度はトーゴ隊とも一緒に多言語の自己紹介・ソーラン節。するとステージ上で、客席に昨日のバイクの強面の若者の2人が、私の目に飛び込んできました。来てくれたんだ！　しかも、友達も数人連れてきていました。嬉しい！　気持ちって通じるんだ！　リアルに感じた瞬間でした。

それから、メインイベントの着物のファッションショウ。現地の楽隊の奏でる音楽に合わせて、ランウェイするトーゴの職業訓練所の有志の若者たち。旺ちゃんが探してきたモデル達。とても楽しく表現している。生き生きと！　後で直前に停電してしまい、用意してきた音楽やマイクの音響も使えなかったアクシデントがあったと聞きました。それを微塵にも感じさせなかった現場。圧巻でした。

ここでも、トーゴの楽隊との臨機応変な対応での成功。文字通りみんなとやったんだ。日本とトーゴの融合だ！　楽隊に合わせて、ご婦人たちが踊りだす。私たちも誘われるように列に加わりました。腰を振る独特な踊りを真似してみましたが、微妙。後ろのトーゴのご婦人が私の腰を持って、こうやるのよ！　とぶんぶん振り回したのには驚きました。でも、一緒に遊んだんだ、ここでも様々なことが感じられました。

その後は、お食事タイムです。私はご飯を盛る係。日本で用意してきた300食分の器は、あっという間に使い切ってしまいました。器がなくなれば終わりだと思っていたら、現地で追加の器を用意しました。ご飯もカレーもまだまだ残っていました。外では人が溢れ、食事を手に入れようとざわついていたそうです。500人はいたのではないでしょうか。フェスが終わって思うこと。400人のカレー作りは、私たちの人数・現地の調理道具では無理だと思っていたのに出来た！　それは、現地の人と共に協力し合ったからこそ、成し遂げられたんだと実感しました。それと、何といっても旺ちゃんの企画に、みんなが夢を描きたいという思い。現場に行って、人に会っていきながら徐々に動きが定まっていったような感覚もありました。

帰国してからの変化

帰国した次の日、目が覚めて私はまだアフリカを感じていました。寝ぼけながら階段を降り、誰もいないリビングに立ち、初めてここは我が家だと気付きました。笑い話のようですが、そこまで無意識に頑張っていたことを改めて感じました。それと同時に、アフリカがもう故郷になっているようにも感じました。

帰国して、体験をことばにしようとしても、何を伝えたらいいのか戸惑いました。ことばに出来ない時間が長かったです。日本の夜が明るすぎることの違和感。溢れ出る水道の水。トイレットペーパー・ティッシュ・クッキングペーパー。紙の文化の日本。何もかもが、物に溢れている違和感。これを払拭するのにも時間がかかりました。今は、その『物』に支配されないことが大切なんだということで落ち着きました。

Ça dépend de toi

ここで浮かんだことばが『Ça dépend de toi』です。このことばは私がヒッポに入って数年後、ファミリーからフランスに高校交換留学に出かけたなっちゃんからもらったことばです。その当時、なんのこっちゃ？　というか、音も意味も文字も私の中に取り入れられなくて。今回、トーゴでこのことばを目にしました。どこかの道端の壁にいろんなことばが、いたずら書きされていて。そのひとつにこのことばが書かれていました。消えかかっていたけれど、この文字に吸い込まれる感覚で立ち止まり、読んでいました。

その時は、『読める！』という嬉しさが胸いっぱいに拡がっていました。

だけど、何故読めるのか？　以前その「音」に出会い、そのことばが身近な人の背景だったからなんだ！　無意識に私の体に沁み込んでいた「音」からの拡がり。日頃のファミリー活動の中で、みんなの話や体験を聞いたり、世界中の国のことばを歌い（聞こえてくる音をハミングから声に出し、リズムやメロディを波のように捉え、らしさで沁み込ませていく）、そして、ことばの意味を後から知る。自分の体験と重なりながら、個々のタイミングで、そのことばの本当の意味を知る。心に温かい何かが沁み渡るような感覚でした。

このことばの環境は今回のアフリカに溢れていて、自分の生き方に変化をもたらしました。音に出会い、人の体験をもらい、文字に出会い、自分の生きてきた過去を振り返り、そして自分の体験も重なっていく。本当のことばの意味を体験として中に取り込んだ時、リアルに理解出来ました。ことばが温かいメッセージとなって、私の前に現れている。「人間のことばなんだ」と、心から感じられる。

こんなプロセスが、話せることに繋がるのだろうなと思います。ヒッポに入って年数の経っていない頃に聞いたことば・忘れていたことばが、17年後も新しく目の前に現れてくれる感覚。これは、ヒッポの環境だから感じることが出来るのだと、内側から教えてくれたよう。この感覚をなんと伝えたらいいのだろう…。ことばが丸ごとの感覚です。今すべてが繋がり、ことばにしてくれています。ことばは生き続ける。

カメルーン大使館での帰国報告／表敬訪問

帰国後、トーゴ大使館とカメルーン大使館へ表敬訪問に伺いました。どちらも楽しい時間でした。特にカメルーン大使からもらったことばは、私の意識に熱いメッセージを届けてくれました。実をいうと今回のカメトゴ交流は、数年に渡る母の介護を終えたので動けました。母の死の悲しい気持ちを介護の現実で隠されてしまっていました。大使のことばは、日本の社会における人との向き合い方に、示唆を与えてくれました。「何日も会わないでいるときは、電話ではなく『トントン』しに行く。会いに行って話をする」と。涙がこぼれそうになりました。私と母の家は近いので、毎日会いに行くことは容易いことでした。ですが、忙しさを理由に病院通いの付き添いを主にしていました。会話は少なく、心配をしても行動をしても、満たされない想いをいつも抱えていました。大使から『心から会いに行くことの大切さ』『人の本来の姿』を伝えられて、私の胸に響きました。

そして、介護をしているときに、心を失くしていた自分に気付かせてもらいました。このことばが、私の悲しみを胸の中に解放してくれました。本当の意味で、母のいない日々に涙を流せるようになりました。「豊かさってなんだろう?」「人に壁を作って生きていなかっただろうか?」「いつでも心を込めて人に向き合っていただろうか?」「心を込めて亡き母の介護をしただろうか?」今回の交流で一番拡がったのは、『人間としての在り方』への問いです。私の視点、視野が拡がりました。

自分で選んだことに自負を持ち、揺るがない時間を過ごすこと。そして、亡き母に出来なかった後悔を認めて、母に返せないけれど、日々の生活の中で困っている人と出会ったとき、気付いたとき、自分の出来る範囲の中で、勇気を持って声に出してみよう。心を失って日常を過ごしていた過去。それと同時に、隠されていた本来の想い。人間としての本来の在り方。それらを今から、シャカデカデカ、何かしら出来る範囲で行動していくこと。行動していく内に後悔は純粋な形で還元され、昇華されていくのだろうと思い始めています。今回のカメトゴ交流には、私の中に息づいたあらゆる思いの原点や気付きがちりばめられています。そして、ここから始まります。メヤー、アッペカカロ——。

出会いの先

私たち家族は22年前にヒッポファミリークラブに出会い、直感的に活動を始めました。何が何だかわからないまま、突き進んできました。時には、道に迷ったかのように行き詰ってしまったり。時には、宝物を見つけたような高揚感に満たされたり。そんな毎日を過ごして『今』があります。ことばと出会い続けて、人に出会い続けています。ヒッポファミリークラブの多言語の公園で遊んでいます。いつの間にかことばと人がとても身近にあります。その環境のおかげで、昔の私、シャイだけれど好奇心旺盛だった子ども時代に、少し近づいたような気がします。

多言語を表現するということの第一歩は、「心を開いて —— Open your heart —— Corazon abierto !」この心意気。相手のことばに向き合うことは、相手のすべてをイメージすること。国や人種に線を引かず、その先にある「人としての自然なふるまい」が大切だと感じます。

今、このタイミングでカメルーン&トーゴ交流に参加する意味が、私にはあった。本当にそう思います。一緒に冒険をしたカメトゴ仲間、ジョジナム、エンニョントゥ！　エンニョントゥ——

2 私たちのトーゴ

Republic of TOGO

トーゴ共和国

☆1960年4月27日
フランスより独立！

フォール・ニャシンベ大統領

☆主な産業
カカオ　コーヒー　綿花
リン鉱石

主食は とうもろこし粉からつくったアクメ

フフ（ヤム芋をゆでてお餅のようについたもの）

アロコ（揚げバナナ）など

国の面積
54.390キロm²
四国の約3倍

フランス語が公用語
そして約40の民族と部族語が話されている

宗教は伝統宗教、カトリック、イスラム，プロテスタント他

お金の単位 CFAフラン

日本との主な貿易品
輸出→リン酸塩，綿花・セメント レンガ類
輸入→資本材 石油製品・食品等

トーゴ あるある！情報

私たちが見た！体験した！

生活

煮えたぎった料理の味見は手のひらで！

買い物の時は必ず値段交渉！

日曜日の教会はファッションショーのように全員素敵な衣装で
糸カロ♥

雨が降ったら学校は一時お休み。止んだら登校！

サッカーは裸足！

大きいトカゲ

子供は大人のいうことをよくきいていた

網戸はなくてベッドに蚊帳を吊る

枕はあるけど掛け布団はない！

飲料水は薄いポリ袋のパックに入っていて角をかじって飲む！とても薬臭い！

洗たくも食器も粉石けんで全て手洗い！

初日から初体験がたくさんあって、内容の濃い1日になり、すっごい疲れたけど、すっごい楽しい旅でした。

まどちゃん

辻 茉都花

profile：日本体育大学 児童スポーツ教育学部 1 年
出身・在住地：滋賀県守山市・東京都世田谷区
好きなこと：体を動かすこと　食べること　映画を観ること
なぜカメトゴに？：お兄ちゃんがトーゴに行っていて誘いを受けたから。人生で 1 回はアフリカに行ってみたいと思っていたから。
カメトゴに行って変わったところ：怖いことが無くなったこと。どんなことでも 1 回はチャレンジしてみないとわからないこと。
ヒッポファミリークラブ：滋賀県草津市・amical ファミリー／近江八幡市・とっぺんファミリー所属

２０１７年11月22日に私は人生で初めてのアフリカ大陸に行き、トーゴ共和国に上陸しました。きっかけはお兄ちゃんが二回目のトーゴに行くことになり、何回か「俺がトーゴにいる間にお前もトーゴに来い」と言われたのですが、私は全くその気がなくずっと断っていました。しかし、8月に滋賀の実家に帰った日に一緒に交流に行ったメンバーの方にカメトゴ交流があるから行かない？　とお誘いを受け、お母さんとお兄ちゃんに相談したところ、行ってみたら？　と言われ、なぜか行ってみても良いかも、良いチャンスなのかもと思い行くことを決めました。

出発の日、私は大学でギリギリまで体育の授業を受けてから行きました。授業を終えて汗だくのまま空港に向かって、初めて一緒に行くメンバーに出会い、本当に行くんだなーと思ったり、今から行くのかな？　と思ったりフワフワした気持ちでいました。日本にいる時にこれからトーゴに行くんだ！と思った唯一の瞬間が、周りの人が非常食を準備しているところを見た時で、これから行くところは非常食がないと生きていけないんだと思いトーゴに行く実感が湧きました。そして30時間という長い旅が始まりました。30時間も長く乗り物に乗るのは初めてで、体を動かせないのがこんなに辛いことかと痛感しました。一番最初の機内食では私はアフリカの洗礼を受けました。それは人生初めてのクスクスで、見た目は細かく潰されたポテトサラダだと思い食べましたが、これが全く美味しくなくて味がなかったです。そして正体がクスクスだと知り、これから行くところにはこんなのしかないんやと思い、今までなかったアフリカに行くという覚悟ができました。そして美味しくなくても食べないと生きていけないと思って、それからの機内食はお腹に入ればみんな同じだ、という思いで食べていました。

トーゴに行くにはアディスアベバで乗り換えて行きます。アディスアベバから向かっている途中チャドという国に着陸して、私たちはそこがトーゴだと思ったのですが、一人も降りないまま1時間ぐらい経って再びトーゴに向かい飛び立ち、結局2時間遅れでトーゴ・ロメに着きました。アナウンスを聞くと何かのメンテナンスをしていたと聞き取れて、そんなことがあっていいのか…と思いましたが、まぁハプニングがあってなんぼなんだろうと思いました。トーゴに着いてからもハプニングが続き、5人で10個の荷物が、6個もロストバゲージしていて、私の荷物も一つ届かなくて、届いたのがこれまた面白い、私の今回の交流のミッションであった野球を伝えるための野球道具が入った荷物だけ先に届いて、私物が入った荷物が届いていませんでした。体育の授業を終えて汗だくのまま出発していた私にはかなりきついハプニングでした。空港から泊まるところパリメまではまだ車で3時間かかるそうなので、車の中では死んだように寝ていたことを覚えています。初日から初体験がたくさんあって、内容の濃い1日になりすっごい疲れたけど、すっごい楽しい旅でした。

トーゴの町並みは、私が想像していたアフリカの風景とは違い、どっちかというと思っていたより発展していました。そのおかげで私にはトーゴの暮らしは快適で、生活するには何も苦労しませんでした。私はガスもない、電気もない、水もないという暮らしを想像していて、寝るときは地べたに布を1枚敷くだけというのを覚悟していたので、電気は通っている、水はある、ベッドで寝られるという想像のはるか上の生活を送ることができました。寝るときにはベッドを囲む蚊帳を用意してくれていて、私は蚊帳の中で寝るのは初めてだったのでとても新鮮でした。そしてもう一つ覚悟していたのが食事でしたが、機内食とは比べものにならないほど美味しくて、心配して買っていた非常食も結局食べずに持ち帰っていました。

トーゴの主食はたくさんあって、特にトーゴ人の元気の源の「アクメ」という食べ物は、最初こそ少し抵抗はあったものの食べてみるととても美味しかったです。アクメは家庭によって味付けが違って、酸味があったり、柔らかさもねっとりしているものやもっちりしているものがあって、同じ料理でもこんなに違いがあることに気づきました。私が1番好きだなと思ったのはホームステイ先のアクメで、ねっとりともっちりが絶妙なバランスのアクメでした。アクメ以外にも美味しい食べ物はたくさんあって、虫を食べることもあるのかなと思っていたけど虫を食べることはありませんでした。アイスっぽい物もありましたが、買ってすぐに食べないとドロドロに溶けるアイスで、家まで溶かさないで持って帰るには一苦労しました。自転車に乗って売られているアイスもあって、そのアイスはシャーベットのような、アイスのような、シャリっとした食感で、お店で売られているのとは違いあまり溶けていなくて美味しかったです。トーゴで私が一番美味しいと思ったのがホームステイ先で出たバナナを素揚げしたものです。とても甘くて、トーゴで初めてデザートみたいな料理が出たのですごく嬉しかったです。それと、トーゴにも揚げ物があるんだと驚きました。

私にはこの交流でのミッションがありました。それはトーゴの子ども達に野球を教えるということです。私が教えたチームはまだ野球を始めたばかりのチームで、ルールも全然覚えていないし、まず道具が足りていないからみんなでキャッチボールもしたことがありませんでした。出発前にお兄ちゃんから野球道具を持って来て欲しいと言われて、友達や知り合いに声をかけて約30個のグローブを持って行きました。グローブを受け取った子ども達は本当に嬉しそうにしてくれて、みんなでやっとキャッチボールができました。私は野球を教えるのを手伝ってと言われて教えることはできる！　と思いすぐに分かったと答えました。しかし、いざ教えるとなった時に「どうやって教えるん？」となり、言葉で説明できないのに教えるなんてできないことにその時気づきました。まず野球用語は世界共通なのか？　から始まり、投げ方や打ち方も体のこの部分をこのように動かす…などとは到底伝えられなくて、初日は全く教えることができませんでした。次からはルールは教えられないけど、投げ方、打ち方は言葉が通じなくても身振りと擬音があれば教えてあげられることに気づいてなんとか教えることができました。トーゴの子ども達は言葉少ない私の教え方を真剣に聞いてくれて、とても嬉しかったです。練習でノックをしたときはまだグローブに慣れていないので、上手く捕ることができなくて体にボールを当てて打球を止める子がいて、とてもガッツがあるなと思い、ボールを後ろにそらしてはいけないこともわかっているんだと驚きました。何日か練習を一緒に行って最後の日には紅白戦をしました。紅白戦はしっかりとしたルールで行って3アウトで交代なのに、3アウト取られた後もまだ打ち続けようとする子がいて、やっぱりどこでも打つ方が楽しいのだなと面白かったです。野球はスポーツの中でもルールが多い方のスポーツだと思います。日本人に教えるのも大変なのに、ましてや経験者がいないトーゴで教えるのはさらに大変でした。私は今回投げ方と打ち方しか教えることができなくて、スポーツをする楽しさや勝つことの嬉しさ、負けることの悔しさをもっと伝えたかったです。今回はあまりにも短すぎたので、もう一度トーゴに行って、野球の楽しさだけでなくチームメイトと一緒にプレーする楽しさや、勝敗により抱く気持ちも感じてもらいたいと思いました。

もう一つ子ども達との交流といえば、トーゴの小、中学校を訪問し製本のワークショップを行いました。一緒に行ったメンバーの一人が製本士さんで、トーゴの子ども達に簡単なノートの作り方を教えました。1クラス100人の授業を2時間行いました。1時間目は5年生のクラスで、さぁ教えようとなった時、先にレクチャーを受けた学校の先生が全てを説明し始めて、私達は補助することになり、何か違うなぁ？　と思いながら子ども達にノート作りを教えました。子ども達はみんな静かに聞いてくれて100人もいるからグダグダになってしまうかなと思っていたけど、とてもスムーズに授業ができました。子ども達が作業している間に見回っていると、これであってる？　と自分のノートを私に見せて確認していました。他にはあなたのお名前は？　と何回も聞かれて、一緒に写真を撮ってとちょっとした人気者になりました。面白かったのは先生が何かを言うたびに「ウィ　ムッシュ！」

と言っていたことです。私はムッシュにはエレガントなおじ様というイメージを持っていたから、まさか学校で聞くことがあるとは思っていなかったので驚きました。2クラス目は中1の子ども達で、これまた元気があってとても楽しいワークショップになりました。5年生の時は先生が全て説明してしまって補助することしかできなかったけど、中1クラスでは私たちがありったけのフランス語で一生懸命に説明してノートを作ってもらいました。そしたらトーゴの先生ではなく製本士のメンバーの人に「ウィ　ムッシュ！」と言うからとても面白かったです。私も見回っていたら「マダム」と呼ばれて驚きました。「マダム」という言葉もエレガントなおば様に使うものだと思っていたので、マダムと呼ばれて違和感しかなかったけど、悪い気はしないので返事していました。中1クラスでは手拍子をしながらのお礼の掛け声があり、しっかりと息を合わせて言ってくれるからこちらもそのリズムに乗って一緒に手を打って一体感を味わいました。お礼の歌も歌ってくれて、ノート作りをとても楽しんでくれたみたいなのでワークショップを行って本当に良かったです。

トーゴの人たちは優しくてフレンドリーで2週間しかいなかったのにとても仲良くなって帰ってきました。ホストブラザー25歳のサムソンとは1週間のホームステイが終わってから一緒にジャパンフェスティバルの準備をしながらより仲良くなった気がします。何を言っているかわからないけど、今バカにされたなと思うことがあって、日本の友達と同じようにふざけ合うことができて、言葉はわからないけどふざけ合えていると思って嬉しくなりました。サムソンは今回行ったメンバー全員に優しくしてくれ、お土産を買う時はサポートしてくれて大活躍でした。ホームステイしている時も、アクメの食べ方やトーゴの音楽を教えてくれたり、たくさん話してくれて、一人のホームステイで不安があったけれど、おかげで楽しいホームステイになりました。1回だけバーにつれて行ってもらい、そこで食べたクスクスの上にヨーグルトがかかっていたのはクスクスの中で1番美味しかったです。

この交流の拠点になっていたオラース家には、男の子の3兄弟といとこが何人かいて、その子ども達ともすごく仲良くなって遊びまくりました。縄跳びやキャッチボール、花札などをして遊んでいてじゃれ過ぎて顔面に頭突きは食らうは、足の上にトンカチは落ちてくるはでハプニングもあった日々を過ごしました。日本では一日がただ過ぎていくだけだったけど、トーゴでの一日は色んなことが起こって内容の濃い一日を過ごせた気がします。一日に何回もハプニングが起こることは、私にはぴったりでどんなことでも楽しく感じて、ずっと笑っていることができました。長男で14歳のジャックはとてもしっかり者で、本当に年下？　と思うぐらいしっかりしていて、ジャパンフェスティバルのお手伝いもたくさんしてくれて、弟の面倒見も良く、よく助けてくれました。次男で10歳のジャンポールはイケメンで、カメラ好きで、ずっと「フォト！　フォト！」と言っていました。一緒にキャッチボールをしたら、はまってくれたのか延々とキャッチボールしていて、私がヘトヘトになってもずっとやめてくれなくて困りました。三男で4歳のビアネはやんちゃですぐ物を振り回していました。いつ見ても裸で走り回っていて、私が洗濯をしていたら一緒にジャブジャブしてくれて、すっごく可愛かったです。たまにやんちゃすぎてどんな行動をとるかわからない時があってハラハラしていました。一回トンカチを持っていたので危ないよと抱っこしたら見事に私の足の上にトンカチが落ちてきて、痛がっていたら拗ねてしまって、それからはずっと逃げられていました。その時ビアネは、私が痛がっている姿をみて、自分が落としたから痛がっているんだと分かって、悪いことをしたと感じて拗ねたんだと思いました。それで私に怒られると思ってずっと逃げていたのかなと思い、そこからまた心を開いてもらうのに苦労しました。言葉は通じないけど、一緒に遊ぶことですっごく仲良くなれるし、喧嘩をすることもできてとても嬉しかったです。しかし、言葉が通じないのにこんなに仲良くなれたから話せるようになったらもっと仲良くなって楽しいんだろうなと、話せないことが悔しくなりました。

今回の交流のメインイベントのジャパンフェスティバルでは本当にたくさんの人に来てもらいました。折り紙、漢字、習字、ソーラン節、着物ショーの各ブースに分かれて日本の文化を伝えました。私は外で呼び込みをしていて「ラ　フェッテ　イシ」（お祭りしてます）と言っても、集まってくるのは私に物を売ろうとする子ども達だけでした。お祭りは順調に進んで着物ショーもトーゴ人は着物がよく似合ってとても綺麗でした。最後に日本食として作ったカレーを配ったら、これがもう大変！カレーを持ったら目の前が人人人人人人人人人、手手手手手手手になり今でも忘れない恐怖映像になっています。トーゴには順番とか並ぶといった文化がないので、自分勝手に取りに来て、パニック状態でした。私達はカレーを守るのに必死で、後になりお祭りの話を聞くと一人一人に戦いがあってとても面白かったです。大変だったけど貴重な体験ができたと思います。あとからお兄ちゃんの話を聞くと、トーゴの人たちはお祭りを楽しんでくれたみたいで良かったです。

私はトーゴに来て本当にリラックスした生活を過ごして、色んなことを体験して本当に2週間だけだったんかなと思うぐらい内容の濃い日々を過ごせました。アフリカってだけで不便という考えとは全く違っていて、その地域での暮らしの工夫があり、私は人ってすごいなと強く感じました。特に感じたのが建物を建てているところを見た時です。機械はないけど人力で工夫して作っていたのを見てすごいなと感じました。しかし、一つ疑問に思うことがあり、ホームステイしていた時、ホームステイ先の家の門が地面と平行にして取り付けられていないのか、いつも力づくで開け閉めをしていて、家を建てる技術があるのだから門をしっかりと付けたら良かったんじゃないのかなと思いました。今回初めて発展途上国に行って、日本の生活は本当に物に恵まれているなと思ったのと、でもいつも使っていたものがなくても生きていくことができるんだと気づきました。トーゴにいる間はただ楽しんだのですが、帰ってきてから一緒に行った人の話を聞いて、私には幸せな風景に見えていたものも他の人には感じるものが違っていて、同じ場所にいても感じ方がこんなにも違うんだと驚きました。次に行く時は楽しむだけではなくて色んな視点から見られるようにしたいです。

今回の交流はメンバーにとても恵まれました。メンバーだけでなく、現地で出会った人達とも仲良くなれました。その人達の個性がさらに私を楽しませてくれました。私は最年少で参加したので頼るばかりでしたが、みんなが助けてくれたので感謝しています。トーゴでの出会いだけでなく、出発するまではほとんど知らなかった日本のメンバーが、たった2週間で年代関係なく仲良くなれたのは、この交流だったからこそだと思います。それはジャパンフェスティバルがあったことによってみんなで準備して、日本人だけでなく現地の人も出演したり、司会したり、裏方がいたり、観客として参加した人がいて、みんなで作りあげたことが面白かったです。そこに私は充実感や達成感を強く抱いたし、お互いの習慣や文化を知ることができトーゴと日本に強い絆が生まれたと思います。素敵な交流ができてエンニョントン！

アッペカカー

アフリカを体感して、自分に起こっている事…
呼吸する事さえ気づいてあげなきゃ勿体無いと感じた。
些細な事にも揺れ動く心を持ちたいと思う。

いいちゃん
大野 育美

profile：専業主婦
出身・在住地：東京都田無市（現・西東京市）・東京都渋谷区
好きなこと：映画と音楽（特にディズニー、ヒーローもの） ミュージカル カラオケ 着物 ピアノ ラーメン 多言語 イラスト（P119-129の挿絵作）
なぜカメトゴに？：ジャパンフェスタの着物ショーをやるため…と思っていた。
カメトゴに行って変わったところ：帰国してしばらく経ち、人の縁の先につながっていた奇跡のトーゴだったと、しみじみ感じながら幸せな時間を未だ旅しています。
ヒッポファミリークラブ：東京都渋谷区・ぴんぴこぴんファミリー所属

共に過ごす時の不思議

東京…春なのに気の早い夏日
暑い　汗をかくのは苦手
ずっとそう思っていたのに　暑い国 トーゴ
何故　あそこで元気に過ごせたんだろう

始まりは青山のお洒落なカフェ
唐突に…一緒にトーゴに行かない？
着物ショーをやりたいの　友人の明るい声
思わず「行く！」と答える自分

家族以外の着付けなんてした事ない
仕事モードで海外なんて初めて
もちろん アフリカなんて未開の地
初めてづくしのドキドキ旅

お花屋さんのCafe
アフリカは暑い。
最初 そんな事は考えず…
着物ショーにわくわくした♡
ikumi

暑い国の着物ショー
想像する　暑さの中　着物をどう着せる
想像する　想定できない国でのショー
考えて　考えて 準備する

出発　着物を詰めた大きなトランクが二つ
その四分の一は安心グッズで埋め尽くされた
私らしいトランクの中身　思わず笑った
心配性だからね

トーゴは湿気を含んだ暑さで待っていた
翌日から目まぐるしく日々が過ぎる
布選び　小物作り　着物を着る子探し　リハーサル
動いて　食べて　寝ての繰り返し

トーゴに着くと
スーツケース10個中6個が
ロストバゲッジ
これがアフリカなのか
作業の終わった従業員は
ターンテーブルの上で休憩中

滴り落ちる汗　拭う暇もない
とりあえず身体を動かし続ける
友人は頭もフル回転し続ける
すごい！プロフェッショナル

楽しい事もたくさん
毎日食べる食事　温かいお湯での行水
現地の人との交流　仲間達との合流
そして一泊のホームステイ

着物ショー　本番！
効率よく動く仲間たち
暑い中　着物を着る学生や子供たち
駆け抜けた～　やりきった～　力尽きた～

しゅんしゅん
大きな鍋に沸くお湯
バケツにもらって
水でうめながら
顔♥髪♥身体を洗う

何故　あそこで元気に過ごせたんだろう
国を超えた仲間たちと創る　かけがえのない時間
今年は汗をかくのも悪くないかな
宝物になった トーゴを感じる

今日も目まぐるしく変わる
自分の町を眺める
パリメの子供は
(トーゴ)
眺める物の変化のせいか、
眼鏡っ子が増えているそうだ
私は時々目を閉じて
あの時のトーゴを眺める♡

聞こえるままに…

朝みんなが口にする音　ボンジュール
午後から聞こえる音　ボンソワール
出かける時の音　アジュタレ
そして別れる時の音　アジュタレ
アジュタレと同じ時に聞こえる音　エイザーレー
コンフォーが元気な声でかける音　ファティゲ？
寝るとき言い合う音　ボンニュイ

日本語的にはちょっと微妙な自己紹介に使う音　ンコニエ
製本ＷＳで良く使う音　ムネイシー
着物の着付けで良く使う音　ティアンイシー
終わりに使うやりきった感のある音　セフィニー

切るための道具の音　カクラ
すくうための道具の音　ガチ
食べる前の感謝の音　ドゥヌンィヌエレ
食べてる時に思わず出る音　エビビントン
食べた後の満足の音　メドゥボン

私の乾いた喉を潤した果汁
まどちゃんが差し出した甘くて少し苦い果実の音　ポン
私のお腹を満たす物の音
フフ☆アクメ☆エテバ☆ジャンクメ☆コリコー☆ボマニャニャ☆ブイ

ペニエルがダンスする時に流れる音　アリーメ アリーメ アリーメ
お風呂の時にレベネがべべにかける音　ラボ ラボ カリソーン
私を寝不足にした日本語みたいな音　心は喜ぶ～　心は喜ぶ～

毎日 くりかえされる音たち♡
聞こえるままに口から出してみる♡
トーゴとそこに住む人たちを表現する時に使う音　ジョジナン と エンニョントン
私の口からたくさん出た音　メルシー と アッペカカ
トーゴ　ジョジナン　エンニョントン　アッペカカカカカカ〜〜〜♡♡♡♡♡

私のトーゴ

トーゴ　そこは　あついあつい国
扇風機も　冷蔵庫も　なくて当たり前
朝ごはんが終わる頃　気温が一気にあがる
汗がふきだす　あ〜〜　夜が待ちどおしい
晩ごはんを食べる頃　ふっと身体がらくになる
蚊帳のベッドに届く風
まぶたも重く　眠りにつく

パリメ　トーゴの田舎町
のら猫とのら犬はいない
けどね　山羊と鶏は道にたくさん
なので　朝はとてもにぎやか
いちばん鶏が鳴くと　みんなも鳴きだす
そして　大合唱
私も　すっかり　目がさめる

トタン屋根を鳴らして
激しく降る雨
雨期のなごり雨
トーゴ2日目のこと
オラース家

町を歩く　人と出会う　声をかけてくる
おーちゃん　おーちゃん
それは　友達のなまえ
そのまま　しばらくおしゃべり
わたしたち急いでないっけ？
ここには先の予定より　大事なものがある
そう　今　目の前にいる人

パリメのタクシー　バイクタクシー
でこぼこ道も　上手に走る
乗ると　暑い空気が　爽やかな風にかわる
落ちないよう　しっかりつかまる
小さい頃　母の自転車のうしろ
じゃりみちの振動　おしりに感じながら走る
懐かしい　感覚

本当はちがう
ハンドルの上の荷台
大きなダンボール箱も
ラクラク運ぶ
バイクタクシー
木を上手に使ったTシャツ屋さん

パリメの家族と　作ったカレー
土間にしゃがんで　野菜を切る
玉ねぎ切りに　涙がポロポロ
エバ！エバ！　笑って　声をかけあう
石の床は　風呂場に似ている
小さい頃　しゃがんで色水作ってままごと遊び
今日は　しゃがんで　美味しいカレーを作ろう

手を洗うとき　ママレモン
おさら洗いは　粉せっけん
ん〜　こだわりがないのね
お風呂には　四角いせっけんが一つ
シャンプーって　いつから使ってる？
小さい頃　かよった銭湯
父は　せっけん一つで　わたしを洗ってくれた

ショーの服を注文した仕立て屋さん

寝るときは　蚊帳のベッド
ここに　安全と安心がある
お風呂が終わると　過ごす場所
眠くなるまで　ひとりを楽しむ
小さい頃　部屋いっぱいに吊った蚊帳
ここには　家族の時間があった
夏の特別な夜　いとこたちと夜更しする

アフリカで　小さかった頃へ旅をする
物も　便利さもなかったけど
なんでも　自分たちで作ってみた
工夫と　創造がある　心踊る時間
ランドセルを投げ出し　友達と走りまわった空地
おせっかいな　近所のおばさんがいた
人と親切が身近な　心地よい時間

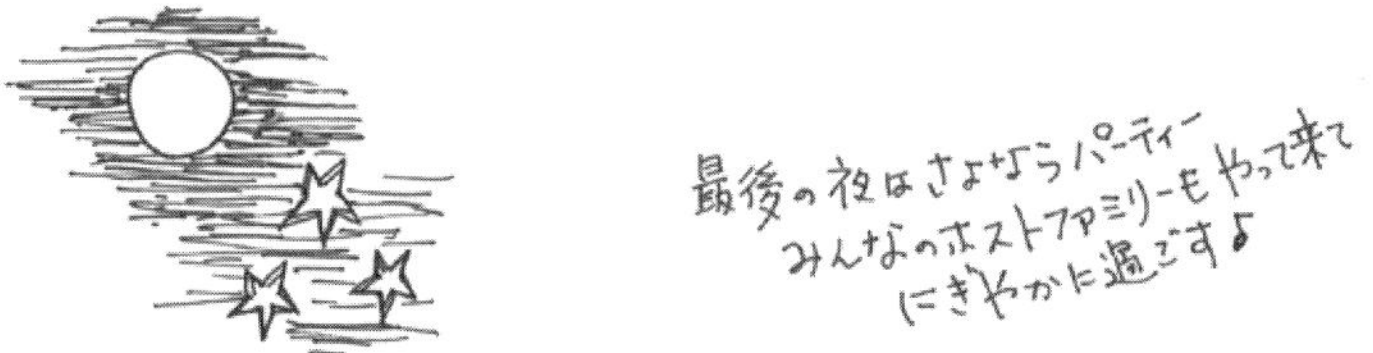
最後の夜はさよならパーティー
みんなのホストファミリーもやって来て
にぎやかに過ごす♪

AG LOZA LAPINO
オラーズ家のママのレストラン

当たり前ってなんだ？
成功ってなんだ？
ちゃんとってなんだ？

ちかどん

山川（木村）智華子

profile：ヘアーメイクアップアーティスト　着物スタイリスト　主婦
出身・在住地：宮城県石巻市・東京都世田谷区
好きなこと：旅行　映画　花　美術館　家族と友達
なぜカメトゴに？：行ってみたかったトーゴで着物ショーを開催することにしたから。
カメトゴに行って変わったところ：人間力ってものすごい力を持っているんだ！って心底理解できて、毎日がもっと楽しくなった！
ヒッポファミリークラブ：東京都目黒区・都立大学モッチンファミリー所属

TOGO交流記

日本大使館もない西アフリカのトーゴ共和国で初の「ジャパンフェスティバル」を開催しようとしている大学生の辻旺一郎くん（以下旺ちゃん）と出会ったのはおよそ1年前。トーゴの人たちに日本を紹介したいという彼の意欲に感動した私は、フェスティバルの中で着物ショーをさせてもらうことになった。広告や雑誌のヘアーメイクアップアーティスト&着物スタイリストとして活動している私にとって、未地のアフリカでどんな仕事ができるのか想像もつかない。ただ、「アフリカの笑顔」と言われるトーゴへ行ってみたいという好奇心だけでワクワクしていた。

はじめは着物自体が珍しいだろうから、15名ほどの現地の人に浴衣を着付け、歩いたり撮影したりと楽しんでもらえたら良いかなぁと安易に考えていた。けれど渡航の4ヵ月前にトーゴから送られてきたモデルの写真とリストは大人38名。めちゃくちゃ驚き途方に暮れそうになったけど「みんな楽しみにしてはるで」と聞けばやるしかない。

急いで知り合いや友人に頼んで着物を集めてみると、留袖、振袖、そして七五三のお祝い着などトラディショナルなものまで全て揃ってしまった。子供モデル3名。プラスして計41名分のスタイリングをする。色んな方から頂くので、この着物にあちらの帯を、帯締めはコレで帯揚げはアレ、長襦袢は人数分ないし荷物になるから着物に衿を縫い付けて、重たい帯は芯を抜いて、一人一人にテーマを決めてアクセサリーを作る、着せ方、見せ方を何度も変更しながら作っていった。そうして41名分一人一人のファイルを誰が見ても一目で分かるように作ってくれたのは、着付けを担当してくれるいいちゃん。後輩のヘアーメイクのてらちゃんとイラストレーターのはんなにもフェイスペインティングと進行を手伝ってもらうことになった。何度もなんども繰り返しスタイリングをやり直し、ショーのBGMを知り合いの作曲家に頼り、テーマごとに選曲した。後は現地でバティックなどのアフリカ布やビーズを調達してコーディネート完了だ。プロとして本気の大仕事にワクワクとプレッシャーを感じながら丁寧に一生懸命準備を重ねた。

出発前のある日、現地にいる旺ちゃんとライン電話で打ち合わせをした時のこと。「トーゴではイベントに食物が無いと人がこーへん」でフェスティバルで日本料理を振舞いたいという。「肉じゃが、豚汁、カレーもいいなぁ」と言うけれど、400食ですよ。気温は30度超えなのに冷蔵庫もクーラーも無いというから「唐揚げはどう?」と提案した。すると

「……そんな数の鶏……誰が絞めんねん」

と、彼は言ったのだ。

現地では何を食べるのか、どんな風に生活するのか何が起こるのか…。

私なんかの想像を遥かに超えてくるのだろうと腹をくくった瞬間だった。

それと同時に、着物ショーの成功という目標から〝何が起こってもイライラせず、楽しんで笑ってこよう!〟に切り替えた。

30時間のフライト後、トーゴ隊5名の10個のトランク中6個がロストバゲッジ！　着物は100％出てこなかった。私たちは「これがトーゴだ！」と旺ちゃんの写真集のタイトルを叫んで笑った。

時差、気温差、水の不味さと食事の辛さ（私は赤ちゃんレベルで辛いものが苦手なの）、その上到着翌日から2晩続けて背中の猛烈な痒さで夜中に目が覚める。なにか判らない虫に刺された背中がブツブツ真っ赤っかだ。

それでも着物ショーの準備はしなくちゃならない。

現地入り翌朝から市場で布選び。ショーで使う巻きスカートを作るため仕立屋さんへ直行しデザインと寸法を伝えるが理解してくれない。すごく簡単な物なのだけど数学？　面積が苦手？？　旺ちゃんがフランス語で、私が図解し1時間近く掛かってようやく分かってくれた、と思う。そうして翌日には試作品を上げると約束したのに………出来あがったのは3日後。着物の入ったスーツケースは2日後に無事手元に届き一安心。ほっ。それでも次々と思い通りにならない事が襲ってくるうちに、どんどん体力と気力がうばわれて、「私、せっかくトーゴまで来たのにぃー」

「あ――疲れるぅぅぅ――――」とストレスを感じてきた。

そこで、ショーの準備だけでなく早起きして家族と教会へ行ったり、野球の練習に付いて行ったり、おばさん達とカレーを作ったり、ショーのモデルになってくれたアンジェラの家にホームステイしたりと欲張ってみた。

スケジュールと体力はハードなのに心が楽チンになったのは何故？

アンジェラの家は長屋で、共同の大きな井戸が一つあって、トイレも沐浴もご飯も飲み物も井戸から水を汲み上げて使うの。寝る以外は台所もリビングも全て外！　ベッドに寝られたのが奇跡だよね。長屋の家と家の間にある1つのトイレはどの家の間か覚えてないし、真っ暗で夜中に井戸の水は一人で汲めない、便器の横には枯葉の入ったバケツ。

ムムム…どうか夜中に目が覚めませんように。

ヒッポファミリークラブのメンバーである私は、これまでの17年間日常的に多言語CDを聞き、ホームステイ交流では赤ちゃんのように丸ごと真似をし、二人の娘とともに言葉の自然習得を体験してきた。

人間なら誰でも持っている当たり前の力だよ。言葉は人からもらって作られるんだよ。榊原陽さんの言葉だ。

トーゴの公用語であるフランス語は私の体に沢山音が溜まっているはず。と、現地での音の発見を楽しみにしていたけれど、ちっとも耳にひっかからない。2、3日してステイ先の家族はエヴェ語という現地の言葉で話しているとわかった。なるほど、それならフランス語はともかくエヴェ語を話したい！　と強く思うのも、現地の人たちが喜んで笑ってくれるから。「メルシー」と言うところを「アッペカカー」と言うだけで嬉しそうな表情になるんだから。

途中からカメルーンで一週間ホームステイをしてきた仲間達がトーゴ入りした。みんな言葉だけに頼らない（部族語が沢山ありすぎて頼れない？）交流をしてきた人たち。やりきってきた笑顔と自信と余裕を感じるし、それぞれの体験が本当に楽しかったようでキラキラしている。

宿泊所の隣の保育園へ突撃、許可をいただいて子供達と踊ったりゲームをしたり、手遊びをしてどんどん仲良くなっていくカメルーン隊。一緒に踊っていたら私の中のピーンと張り詰めていた緊張が解けていくのが分かる。

何だ、なんだ？　何が違うんだ？

みんな移動で疲れているはずなのに、「手伝うことある？　何でもやるよ〜！　教えて〜」って。「あ、頼ってもいいのねぇ」と素直に嬉しく思った。

頑張んなきゃと思い込んでたんだなぁ。

体が、心がゆるゆると溶けていく。

日本人、トーゴ人、ドイツ人、家族、友達、近所の人、何にもボーダーがなく、ただ目の前の人が楽しそうだから一緒にやっちゃうだけ。

みんなの思いやりと好奇心と人間力の波紋が広がっていくよう。

それぞれが勝手に良かれと思ったことを始めちゃうのはなんて心地良いのでしょ。

アンジェラの家に1泊ホームステイした時の夜、初めてのんびりした時間を過ごし、満天の星がひろがっているんだろうなぁと思い込んで空を見上げたら、あれ？ 煌々と眩しく光る三日月がポツン…えっ？ 一瞬目を疑ったが、そのままアンジェラに「星が見えないね」と言うと、「あら沢山見えるじゃな〜い」。

…（絶句）

ジィっとそのまま夜空を見上げ続けたら……

あ！ 見える。

見えないと思ってすぐに目をそらしたら見えるものも見えない、解らないと思って相手に寄添わなければ言葉も解らない。

好奇心、興味を持たなければ知らない事だらけ。

人間なら誰でも解る、見える、感じることができるんだね。

人間はもっともっと素敵だよ。すごいよ。って教えてもらった体験。


余分なモノがそぎ落とされて行く感覚。

どんどんシンプルになって、気持ちがいい。

トーゴの生活は物が無いから、知恵がある。人と助け合う。

東京は物や通信機器に囲まれすぎているなって帰国してから鬱陶しく思ってしまって困る。

トーゴの鬱陶しいは素直で人懐っこいのかな。

人を大らかに受け止める、比べない。

お節介をやく。分け合う。

進んで誰かと繋がろうとする好奇心。

半年経った今も「OHAYO!」だけのメッセージがよく送られてくる。だから、私も「Bonjour!」だけのメッセージを送るの。

地球の裏側で、気にかけてくれる人がいるのってステキな事だよね!


そもそも、学校に行った娘が突然知らない大人の日本人を連れて帰ってきたら、ふつう驚くでしょ。

そこも、流石トーゴです。

ママのアナは全く驚くことなく自然体で私を受け入れてくれた。言葉数は少ないけど、コップの水を差し出して手を洗わせてくれて、ご飯を作って出してくれて、ジェスチャーで会話してくれて困ることは一つもなかった。

長屋のおじさんも愉しげに声をかけてきて、ホームステイの感想文を書いてくれたのも二回会っただけの隣のおじさんだった！（笑）

アナママはほぼジェスチャー。私はゲットした5つくらいのエヴェ語の単語を酷使して困らないでいた。朝食後ママが白い大きな薬を飲もうとしていたから「セ　クワサ？」って聞いたらママは自分の右肩から腕を抑えて、ん、ん、ん、とさすっている。私は、日本語で「痛いのかー、それは嫌だね」と言いながらママの右腕を揉みさすりした。

しばらくするとママが「いい気持ち。また此処に帰ってきてね」って優しい声で何度も言ってくれたの。涙が出そうになった。ママの言葉、何語だったのかな？　でも確かにそう言ったんだ。

20代のころヨーロッパ大陸を何度かバックパックで周った。元々言葉に興味があったから次に入る国の言葉の挨拶程度は辞書で調べて入国していたけれど、基本は英語を話す人を探していた。ヒッポに入る前は英語さえ話せれば大丈夫！　と思っていた。

ドイツからポーランドへ向かう列車で盗難に遭い、ポーランド人女性ベティ（当時25才の英語教師）に拾われ、幸運にも彼女の家にホームステイさせてもらえることになった。

全てをベティに頼り、英語だけに頼って他の家族とはあまり会話できなかった。

その後ベティとは文通が続き、メールで繋がるようになり、ご両親が老齢になって体調が良くないので、是非会いに来てほしいと連絡がありお見舞いに行ったのが5年前。

タタ（お父さん）のポーランド語を聞いて、ロシア語に似ていると思った途端に、ロシア語が私の口から溢れ出て来たのには自分が驚いた。

当然ポーランドの家族も驚いている。

その後、英語が全く解らないタタとママに出来る限りロシア語で話しかけていたら、徐々にポーランド語に直され始めた。両親にとってロシア語は好きな言葉ではないのだとわかってきた。だから、それからはタタ、ママの会話、ＴＶを全部真似っこ。ベティは全部英語に訳してくれるけど、私はポーランド語を真似し続けた。おかげでタタとママ、妹のシルビアとも今度はすっかり仲良くなれた。いつの間にマネが上手になっていたのだろう。


「人」を大切に思うと、言葉や身振り手振りも丸ごと寄り添ってくる。「言葉」ができても人に向かえない、間違いを恐れていてはもったいない。

言葉は人からもらって作られていくんだね。

ポーランド語もトーゴの部族語もヒッポのＣＤにはない。

「○○語」とかケチくさい！　って言うまりんしゃの叫びが解った！

私たちがやっている活動は言葉の活動の前に、人に好奇心を持って向き合うという活動なんだ。それは柔軟で寛容な環境だなぁ。

まだまだ続く、私の中のトーゴ。

忘れてしまっていた子供の頃の記憶が蘇る。

電話のないご近所さんが茶の間に電話を借りに来ては、その後お茶を飲みながら暫くお喋り。お隣のおばさんが夕飯のおかずをお裾分けに来ることもしばしば。ご近所との関係が近くて、鬱陶しいとしか感じなかった若い頃。

宮城から東京へ出て10年以上経ったころ、母の看病のために小さな娘2人と1ヵ月里帰りしたことがある。若い時と違って、こんなご近所との関係もいいものだなぁとしみじみ感じた、という事を今回のトーゴで思い出した。

携帯電話やメールなどなかった時代は、よく長電話して親に叱られていた。

そんな時代も自分は知っていたんだ。

だから、妙に懐かしいところがあって、いつまで経っても、体の中がふんわりトーゴシックになるのか。

不便だけど、人が居る（要る）暖かな時代と環境。

結果、着物ショーがどうだったか。

気温が35度でクーラーもない中で着物を着せるって、どんなスタイリングにしようか…。

リハーサルでは「順番」「並ぶ」を理解してもらえず、こちらが思うようには動いてくれず、用意していたBGMや着物の解説用MCもまさかの停電で全部ぶっ飛んで、甚平や浴衣をプレゼントした子供達の行進は、子供達が帰ってしまうという「まさか！」の連続。それから、それから、それから、いっぱい思い描くものとは違ったけれど、笑顔の可愛い人たちが沢山いて、文化や「当たり前」が違うだけで、皆んな それはそれは一生懸命やってくれたよね。

成功ってなんだ？

ちゃんとって何だ？

自分や相手を追い詰めて、そこに自分の成功があっても楽しくないなぁ。

皆んなで作りあげた。皆んなよくやったよ！

そんな体験ができたことに心から感謝しています。


AKPEKAKA！！！！！！

初めてのアフリカ

寺田　英美　てらちゃん（ヘアーメイクアップアーティスト）

始めは世界のどの辺りにあるのかすら知らなかった場所でした。初めて足を踏み入れる場所に大きなドキドキやワクワク、少しだけ不安と緊張があったのも覚えています。いざ現地に着いてからは初めての経験が沢山ありました。街並み、空気、言語、生活の仕方、食事、細かく言ったらキリが無いけど私にはどれもとても興味深いものでした。

世界には色々な人種、考え、生活や価値観の違いがあるのだと、頭ではわかっていても実際に自分の目で見て感じるのとはきっと大きな違いがあって…本当に勉強になりました。

アフリカで着物のファッションショー！　言葉で聞くだけでインパクト大！　すごい！　こんな素敵なイベントに誘って下さった、いつも大変お世話になっているちかどん、このトーゴでとっても仲良くなれた（自分が勝手に思ってるだけかもですが笑）いいちゃん、成田空港から一緒、オラース家も同じ部屋で楽しかったね、はんな。暖かく迎え入れて下さったヒッポの皆さん、現地でお会いした全ての皆さん、全ての出来事に本当に感謝しかないです。

生きるって何て素晴らしいのだろう、出会いって何て素晴らしいのだろう、そういうことを改めて感じた旅でした。現地の人の為に何か出来ればいいなと思っていたはずが、逆に沢山の暖かなモノをいただいた気がします。このトーゴでの経験は私の人生の大切な一部になりました。また再会出来る日を願って…

ことばは人が大切！
人がいなければことばは育たない！
人がいて初めてことばが生きる！

はんな
山川　華奈

profile：イラストレーター
出身・在住地：生まれも育ちも東京都世田谷区
好きなこと：食べること　旅／旅行　絵を描くこと
映画鑑賞　音楽鑑賞　キャンプ　人と出会うこと
なぜカメトゴに?：学生のころからひとりバックパックなど旅が好きだったが、アフリカ大陸には足を踏み入れたことがなく、いつか踏み入れたい地であった。やりたいことを見つけて会社員を辞めた時期が、ちょうどカメトゴ交流の時期だったので思い切って参加！
カメトゴに行って変わったところ：メキシコに1年間行って「みんな同じように生きてる同じ人間なんだな〜」と思ったが、トーゴに行って「日本人ももともと彼らのように人間らしく生きていたんだろうな〜」と思わせる人柄や文化に出会い、寛容に、目の前にいる人に寄り添える人になるよう心がけるようになった。
ヒッポファミリークラブ：東京都目黒区・モッチンファミリー所属

初のアフリカは、なんとも言えない心境で帰国。

正直、人生ではじめての心境で、自分に何が起こっていたのか理解できなかった。

ヒッポのホームステイプログラムで、小学校2年生で韓国家族交流、小学5年生で2週間のロシア交流、中学1年生で1ヵ月のアメリカ交流、高校2年生で1年間のメキシコ留学、大学2年生で2週間のフランス交流に参加したほか、我が家には留学生や短期交流の外国人のホームステイも受け入れていたため、たくさんの人、ことば、土地や文化に出会ってきた。こんな環境から「自分はどこでも生きていけるゾー」と、根拠のない自信を常に持っていた気がする。

アフリカへの憧れは大学生の頃から心の奥底にあったけれど、アフリカに1人で旅行しに行く勇気がなく、東南アジアや欧米、中米ばかりを旅していた。大学時代は長期休みの度にバックパッカーを楽しみ、卒業後は制作会社へ入社。（もちろん授業はちゃんと出て、単位も取って卒業しましたヨ）

2017年4月に制作会社に入社し、週5、6日朝から晩まで仕事にのめり込み、体調を崩したことにも気づかないほど、仕事に楽しんでいた（追われていた）。けれど、ある日突然、張っていた糸が切れたように私の中の何かが〝プッツン〟と切れ、我に返った。それから会社辞める時間はそうかからず、カメトゴ交流への参加を決断。神様が「今行くんだ！」と言ってくれたかのようなタイミングに運命を感じながら。

会社員の後、イラストレーターになった私は、新しい刺激を感じるためにもアフリカ行きを決断。勿論、新しい人、ことば、土地や文化に出会うためにも。

高校留学時にスペイン語を習得した際、ポルトガル語7割程度、イタリア語4割程度、フランス語1割程度わかるようになっていた。そして大学2年生の時に行ったフランス交流では「3ヵ月いたら絶対フランス語を話せるようになる！」と思うほど、フランス語の音が心地よく、私の中で〝音〟から〝ことば〟になっていたのを感じた。

そんな経験をしたため、公用語がフランス語であるトーゴで、更にフランス語がゲットできるかもしれない！　と、トーゴ行きをとても楽しみにしていた。

仕事の都合で、皆よりトーゴに遅れて到着。その時見た仲間の顔は、ドッと疲れた顔をした人もいれば、何ヵ月か現地にいたような馴染み具合の人などいろいろ。「一体この1週間で何を体験してきたらそうなるの!?」と思わざるを得ない顔顔で、着いたばかりの私は「何か新しいことが待っているのかも…！」と根拠のない期待を抱いた。同時に、私の知っている口をすぼめて喋るフランス語が、トーゴにはないことを知った。つまり、トーゴのフランス語はフランス語といっても全くの別物で、大きな声で話し、音がはっきりと聞こえるフランス語。更にはこのフランス語に現地の民族語エヴェ語も混ぜてくるため全く初めての音だった。

着いてからというもの、仲間とジャパンフェスティバルに向けての準備や準備や準備。それと、唯一日本人といない時間だった1泊のホームステイ。とはいえ、トーゴにいるのだからトーゴ人と交わるタイミングは毎日あるため、朝から晩までトーゴのフランス語とエヴェ語を聞いていた。

その後私はトーゴに2週間ほど滞在したのだが、全くフランス語を習得することができなかった。約1ヵ月弱トーゴにいたのに、ひとつもことばを習得できずに終わった自分に、少々ショックを受け帰国。帰国してからも悶々としており、周りの仲間は楽しく自分の体験談を報告している中、私は自分の体験談をうまく話せない状況が何ヵ月か続いていた。最終的にはトーゴの体験談を話すのを遠ざけてしまい、「う〜ん…またトーゴ行ってリベンジすればいっか」と雑に完結させていた。

ちょうど私がトーゴから帰国した時期に、妹が1年間のブラジル高校留学（ヒッポイヤロンプログラム）から帰国した。数ヵ月経った頃に妹の体験談を聞いていた際、トーゴから帰国した時に感じていた悶々とした感情の理由が明らかになった。妹は自身の帰国を待っていた人々から「ことばはどうだった？」「どのタイミングでポルトガル語話せるようになった？」などと〝ことば〟に関する質問を受けていた。周りの期待に応えようと（いい意味で）しない妹は「え〜、別に普通にしてたからわかんない〜」と答えていたのだが、この時ハッと気づいた。

人と出会って、その人と向き合っていればことばはついてくるんだ、と。今までの交流では妹と同じように、普段通り〝人〟と向き合おうとしていたから知らぬまにことばを習得していたのに、トーゴでは〝ことば〟と向き合おうとしていたから人と向き合うことを忘れてしまっていたのだった。このことに気づけてスッキリしたと同時に、ひとつのことを考えたら他のことを考えられなくなってしまったのかぁーと自分に喝を入れたくなった。

これほど人と向き合うことが大切なことだと気付かされたのは初めてのことで、今まで当たり前のように国籍関係なく人と向き合うことを楽しんでいたからこそ、大切なことだと気づけていなかったのかもしれない。そういう意味では、誰かと向き合おうとしない限りことばは成長しないわけで、韓国交流からフランス交流までは「一緒に遊ぼう~何かしよう~」と誰かを求めていたのに対し、トーゴ交流では周りにいた沢山の仲間（日本人たち）に頼ってしまったために現地の人たちを求めるタイミングが少なかったのだ。今までには無かった、とても貴重な経験だった。

〝ことば〟と向き合ってしまったため今回はことばの話だけで終わりそうだが、次トーゴへ行く機会があれば、現地の人々と向き合って新しい体験をしてきたいと思う。

あ、ちなみに、私がトーゴ人との交わりが一切なかったわけではない。ただ、まだまだトーゴ人のことを知れていない気がしている。３週間もトーゴにいたのにどういうこっちゃ！と思われるかもしれないが、私も不思議な感じ。

今回トーゴに行って一番伝えたいことは、何度も言うようだけれど…
ことばは人が大切！
人がいなければことばは育たない！
人がいて初めてことばが生きる！

私にとってトーゴ交流ははじめてのことだらけ。
次は何を見つけられるかな？

和本がなんで袋状に折られてるのか、間違いではないか、と質問が出た。

かーめん
山崎　曜

profile：製本アーティスト
出身・在住地：生まれも育ちも東京都世田谷区
好きなこと：走ること
組み合わせを考えてものを作ること
なぜカメトゴに？：違っていることに興味があって。
カメトゴに行って変わったところ：アフリカ以外にもたくさん海外に出た昨年。盛り上がりすぎたり、落ち込みすぎたりを経て、自分の問題点ははっきりしてきた。それはそのままの自分を出せないこと。この制限を外すチャレンジをしたいと思うようになった。
ヒッポファミリークラブ：東京都渋谷区・経堂オッティモファミリー所属

去年11月末から、ヒッポファミリークラブの交流プログラムで、カメルーン・トーゴ交流に参加した。と、書くと用意されたものに参加したかのように思えるが、実際はそうではない。自然に発生したものだ。

普段のヒッポの交流でも、準備中に、参加メンバーのやりとりから作られていくことがとても多くある。帰国後は「報告」で何度も体験を語る。話を聞いてもらうことで、参加していないメンバーにシェアし、たくさんのフィードバックをもらい、自分達にも発見や変化が続いていくことになるのだ。が、今回は常にも増して「何をやるか」から自分たちで考えた。

トーゴ行きのきっかけはスタイリストちかどんとトーゴに留学中の辻旺一郎くんの出会いから起きた。

2度目のトーゴ暮らしの辻くんはファッションや写真で日本のことをトーゴの人に伝えたいと発想し、写真スタジオをやりだした。その話を聞いた着物含めファッションが専門のちかどんに、着物ショー、というアイデアが生まれた。アート系な手作り製本をやっている私はちかどんに声をかけてもらって、二つ返事で参加を決めた。はじめは、本当に個人のアイデアの結びつき。それが転がって、ヒッポにも繋がって、自分も巻き込まれて、ほんの少しだけではあるが「作り手」として、行くことになったのだった。

私は「手作り製本」が専門だ。以前から、川田順造さんの本で、西アフリカ・フランス・日本を比較した身体使いの記述にとても興味を持っていた。だからアフリカの物作りの手の動きなどを少しでも感じられれば、と思った。実際に行ったトーゴでは、和本の製本を体験してもらった。大人向け、十人あまりの講習。和本がなんで袋状に折られてるのか、間違いではないか、と質問が出た。白紙で作ったから、ノートだ。ノートなのに袋に折ったら書くところが減ってしまうから、当然の質問。だが日本ではそう聞かれることはないので、ああ、確かに、と気付かされた。また学校で子供達200人に簡単な糸綴じノートを教えた。お礼に、と歌って踊ってくれたのが嬉しくて一緒に踊った。

肝心のイベント「ジャパンフェスティバル＝着物ショー」には、仕事の都合で参加しないまま、途中でトーゴを発ち、イギリスに和本の製本と帙（和本を入れるケース）を教えに行った。シュルレアリスムのパトロンで詩人でもあるエドワード・ジョーンズの大邸宅を学校にしたウェストディーンカレッジ。美術の他、本の修復や楽器作り、木工、ガーデニング科もある。広大な敷地には、幾何的な形に作られた木々や遠い国から移植された表示のある巨木が何本も生えている。

一番印象に残ったのはフルーツガーデン。様々な品種の洋梨の木がレンガ塀にべったりと、釘付けされたように広げられてデザインになっていた。鉄の枠にはめられて、見事に三角錐型に矯められているのもあった。こんな発想をする人たちに植民地にされていたかアフリカ、と思うと、辛い思いがした。講習の他に自分のアートを語るスピーチもやらせてもらったが、この洋梨の木のことから話をはじめた。「全部ぶんどってきたものだから……」というイギリスの人達の自嘲的な態度も印象的だった。

トーゴとイギリスの3週間の旅から帰国した後、その興奮が2ヵ月くらいは続いた。その間も、そのあとも、交流参加メンバーと何度も集まり語る会があったり、大使館に訪ねたり、ということがあった。

興奮がさめると、ふっつりと落ち込んだ。自信喪失。なぜ？

イギリスでのスピーチで喋った「植民地支配」の印象。そんなの知識だけから来る、表面的なものだったな、と思った。植民地時代、いったいアフリカはどうだったかなんて、実際には知りもしないし。

私の体験したトーゴは、その日にホームステイをお願いしても、別に無理をしてるようでもなく、空いてるベッドに寝かせてくれて、泊めてくれる環境だった。私のホストファミリーは辻くんの仲のいい友人のマティアス。彼は、その家の居候ポジションだという。にもかかわらず、同居しているお姉さんは、ご飯を作って歓迎してくれ、そこの保育園くらいの子供たちとも楽しく折り紙したりして、もう全然自然。それは辻くんの「言葉も通じないアフリカでなんとかなるかやってみよう！」っていうチャレンジをした、その心意気と、トーゴの人たちの「人と人とは一緒に生きてて、そういうのがいいと思ってる感じ」が、お互いに自然に結びついて実現したものだったんだな、と改めて、感慨深い。

いつもヒッポで言ってる「心を開いて」ってなんだろう、って思う。日本に居ると結構息苦しい面がある。もう一つなんとかしないと、とは思う。話すことが不足してる。ヒッポと自分の製本教室とネット上のコミュニティではよく喋る。家族とのしゃべりはやや少ないなぁ。親ともしゃべりが少ない。近所とのしゃべりが少ない。また、昔の同級生ともそんなに付き合いたくない。同業的な団体からも離脱した。一人がいいよな、と思う。

それでいて、私は、ヒッポで、多言語をやって、世界へ行って交流して、みんな仲良くなりたい、みたいなことを思ってる面もある。理念ばっかの頭でっかちなのかな、とも思う。でもまあ、それも自分なんだな、と思う。

トーゴで、たった1泊だったけれどホームステイができて、それは確かによい体験だった。キリスト教の日曜礼拝で教会に行って、朝から昼まで、歌って踊ってのイベントに参加して、一緒にダンスしたのが、よろこばれて、嬉しかったし、自分も本当に楽しかった。それはできるのだ。

が、そんな気分がふっつりと落ち込んだのは、なぜだったんだろう。やっぱり、一緒に行ったみんなの「掴みっぷり」に、途中でイギリスに行っちゃった私は、ついていけなかった面はあるかな。(その時、現場に居ない、というのも私らしいか、とも思う)それとともに、アフリカはこんなに心を開けてるのに、自分はどうだ、みたいな、頭での思い込みにまたまたとらわれる。そういう自分が鬱陶しい。

協力しないと生きてけない、という環境の場所だったら、こういう種類の悩みはないだろう。あるのはもっと生きることに直結した、別の種類の悩みだろう。幸いなことに、自分は生まれてこのかた「生きられないかもしれない」という差し迫った状況にならなかった。ぼんぼんである。そして周りの人たちも、そういう人が少なくないのかもしれない。

だけど、原発事故以降は、つねに危機にさらされたままだ、ほんとは。だから息苦しい。地震、そして原発事故のとき、ほぼ同居してる両親は落ち着いていた。空襲をかいくぐってきた人たちは違うな、と思った一方、単に感覚麻痺なのかも、とも思う。テレビ時代を生きてきているから、NHKとかに弱い。

帰国後の、カメルーン大使館で、駐日大使のお話。この幼児は4歳くらいなのに、道で商売をしなければならない。でも、みんながそれを見守って、助けてる。年寄りがいつもの井戸端会議に現れなかったら、すぐにその人の家に上がりこんで様子を見る、など。「人に会ったらあいさつをしろ、ってこどものころは、こっぴどく怒られたけど、近頃は昔ほどには、あいさつしない子供を怒らなくなった」ってトーゴの友達が言ったとは、辻くんから聞いた話だ。トーゴも変わってきているのだ。

基本、自分の日本の故郷と同じだった、と言ってる参加メンバーも居た。家に居て、気づいたら隣に近所の誰かが座っていても別に普通。そのくらい田舎、みたいな。そこんとこアフリカと同じ、と。だから、困ったら助けてもらおう。生きにくくて困ってるんだから。素直に助けてもらう。自分の弱さ駄目さを表に出せる、っていうことかなと思う。

生きてる地域によって、すごく「人」は違うな、と思う。今その地域が置かれてる状況で違うし、こうなってる経緯（つまり伝統であり歴史であり）によって違う。

言葉にする、こうやって書くことによって、理解が形になるけど、何語で書くかによって変わるし、無文字だったらもっと違うだろう。文字に書ける、書いたことによって、文明が構築され、今のような言葉でいろいろな操作ができる時代を迎えた。

ショーの時、順番に並べない、とか、簡単な縫い物の発注でも図がわからない、とか、確かに日本ではあまりないことかもしれない。でも、自分もなんだか、この十年くらいで整理能力を捨ててきてるような気がする。一方、中毒のように本を読んでしまうし、もう様々な情報が入ってきて、身体の感覚を濁らせる感じがする。

アフリカに行ったことがなんだったたか、というと、「落ち込んだこと」かな。その落ち込みは、次に自分がどうするかにつながっていく、と思う。と、ここまでが交流後数ヵ月に書いたこと。この2ヵ月くらいの落ち込みも経て、1年後の今は「どうしてここに生きてるの？」って身体に聞いてなかったな、とつくづく思う。

ヒッポが言葉を歌い*、知らない言葉の家族に飛び込んで行くのは、身体で感じて、本当を掴みたいということだと、あらためて思う。この旅は深く、まだまだ続くな。

＊言葉を歌う：どんな言葉でも、聞こえるままにメロディやリズムをとって歌うように口ずさむこと

いつお迎えが来てもいいかな…と思ってたけど、そう、私は、トーゴに行ってやりたいことがいっぱいあったのだ。

はな
榊原 由希子

profile：クレープ移動販売　船上おもてなしクルー
出身・在住地：愛知県海部郡・おもに和歌山県和歌山市
好きなこと：カフェや屋台　ダンス　カオスな空間　イラスト（P158-161も）
なぜカメトゴに？：ずっと縁のあったトーゴ、まさかのヒッポ交流発足に今がチャンス！と思って。
カメトゴに行って変わったところ：今までの自分とアフリカの関わりの形に、カメトゴの仲間の視点がたくさん加わって、今後の私のアフリカはまだまだ予測不可能になりました。
ヒッポファミリークラブ：和歌山市・紀ノ国 Baum ファミリー所属

そもそも 私とアフリカの出会いは・・・
ひっこみじあんな私を
元気にしてくれた
アフリカの太鼓
との出会いでした
何故だか 魅かれる
太鼓のリズム
そして、太鼓にはまり、
そのうち アフリカン ダンスにはまり
・・・そして、アフリカの人たちと
出会うことになったのです
トーゴ人
サンちゃんとの
出会い
赤坂の
トーゴ
レストラン
での
素晴しいドラマー
コンゴ人 ムクナさん との
出会いも！
近所のアフリカンレストランで働いていた
サンちゃんと友だちになり、小学校のイベントで
トーゴの話しをしてもらったり、トーゴ人と日本人の
交流パーティを開いたり… 20年近くも交流を
もつことになりました
サンちゃん始め他のアフリカの人たち
とのコミュニケーションは
日本語、英語、エヴェ語、
フランス語 中国に滞在
していた人とは中国語も
交えて話し、
"大まかにわかる"という
感じなので、よく「え〜」と
ビックリすることが
ありました
2017年
いつかTOGOに
住んでみたい
なぁ…
でも もう体力ないし
なぁ…
ムリかなぁ…
とあきらめかけていた矢先
まさかの!!
HIPPO
カメトゴ交流
発足!!
ヒッポの大学生
旺ちゃん
の活躍がTOGOへの
道を開いたのです！
my dream・・・
いつかTOGOで
地域の人たちと交流したい☆
TOGOで抹茶スイーツが
受ける、ときいていたから 作ってみたい♥
現実
になるとは!!
現地でお世話になった
ホストファミリーの方々
ロメでのホスト コンベイさん夫妻
パリメでのホスト アンジェラさん家族
サンちゃんの 弟家族

素晴しい TOGOの食べ物
デシ
アクメと一緒に食べるソース
いろんなデシがある！
フェトゥリデシ（オクラのソース）
アジンデシ（ピーナツ 〃）
アデメデシ（モロヘイヤ 〃）
トウモロコシの粉を鍋で熱しながら練ってまるめてソースと一緒に食べる。
アクメ
右手でアクメにデシをつけて食べる！
エヴィヴィンし。美味♥
トーゴのパン！美味しい!!
私のお気に入りの朝ごはん
揚げドーナツ「ボトクワ」
イウモロコシからつくったおかゆみたいな「ブイー」
「アラシン」ナッツ
これらを一緒に食べる
ヤム芋をお餅のようについてつくる
フフ
お正月やお祝いの時に食べるそう。
その他 音楽やダンス 街の様子も魅力がいっぱい！
気分いい時は
バケツに水を入れてひょうたんを浮かべて太鼓にしていた！
とーっても暑い国だけど肉も魚も処理して美味しく食べる！
冷蔵庫を使わないのに、スゴイ！
腰をどんどん低くしていくダンスがあったよ
交流会の時に唄ってくれたのは、ヘビとコウモリの交流の唄♥
BAR-REC TOLA BENEDICTION
ロメは海のそばなので、週末は海で過ごすことも
道のあちこちにある手書きのお店の看板がカワイイ♥

私が
アフリカに関わってから、
ん?どうなっていくんだろう?~
という場面がある。。
よく
そして
あ!そうなるんだ!
といつも
とつぜん
わかる。。
暑~
ロメは毎日40度の暑さ・・・
トーゴの村のリーダーのような人たちは
整然と並んでじっと座って日本人を迎えてくれた。
1人では外出出来ない
ロメの生活・・・
いつも窓から
外を眺めていたヨ
そうそう、私が
日本で感じていた
トーゴも、妙に
キチンとしていた!
そして明るい!
TOGOで実感したことは、
どこに居ても
素敵な人たちとの
出会いがあって
一緒に何かを
創る
ことが出来るんだナ
という事。。。
ひょうたん太鼓
バナナフライ
チリソースにつけたヨ
路上の
バナナフライ
売りの所に
行ったりして
交流会の準備をしたり・・・
じ~
ロメのコンベイさん宅
では
ハナ
Hana~
はい~
といつも
よばれて行くと・・・
いろんな人に
私のことを
紹介
してくれた
そのたびに
エヴェ語で
挨拶。
ケレブフ
ことばも
増えていった
コンベイさんは
交流会用に
分刻みの
予定表を
くんでいた!
そう、私の知人の
トーゴ人の
友だちも
同じだった!
オッファン!
村人の
集会所での
いきなり
あいさつすることに
なったり・・・
エ~!
無茶振り!
ところが
数時間
後に
乗りなさい
15分だけ
だよ
コワく
見えるけど
実は
優しかった!
コンベイさん
ネット
カフェ?
そんなもの
知らん!
ダメダメ
危いから・・・
ある日
ケレブフ町の様子が
わかってきて。
ネット
カフェに
行きたいナ
あの通りに
ありましたヨ

魅力がいっぱい！
TOGOの生活♥
"Ecological" Life！
掃除機ナシ！ 停電があるから
洗たく機ナシ！ 冷蔵庫は使わない！
サランラップも ティッシュも ウェットティッシュも
使わない、井戸の水を毎日くんで使う。
生活のゴミがとっても少ない！ しかも紙は野良ヤギが食べていた…！
トウモロコシ
カカオ
お酒のような水分が入っていた実。
家の敷地にいろいろあった植物など
豊かな自然もいっぱい！
Beautiful Nature
Powerful
AFRICAN LADY！
朝早くから掃除、洗たく、料理も手を抜かず1日中ずーっと動いていた！
ガーン
トーゴでは子供を産まない女性は発言できないって。
アフリカでは家庭の主婦はニワトリをしめてさばけるそう！
毎日ほぼある突然の停電でも、皆それぞれ楽しんでいた！
ゴザをしいて風を楽しんでいたり…
ベランダに座って静かにしていたり…
モロヘイヤの葉を皆でつみながらおしゃべりしたり…
TOGOではいろいろな宗教が共存していることが誇りだそうです。
キリスト教
イスラム教
ブードゥー教
これからの世の中、アフリカ・トーゴに学ぶことがたくさんある！
TOGOの魅力をもっと発見してもっとたくさんの人に知ってもらいたいナ！
…と私は感じたのでした。
by ✿hana✿

3　もっと、カメルーン×トーゴ

パニックになったカメルーンのネズミとの遭遇。
トーゴってどこ?
未知の国で、チンドン屋で三味線弾く!?

ふっきーな
谷垣　文貴子

profile：会社役員　主婦　時々農婦
出身・在住地：生まれも育ちも大阪府箕面市
好きなこと：旅行　三味線　自然
なぜカメトゴに？：一生に一度はアフリカを訪れたかった。
カメトゴに行って変わったところ：一緒に行った仲間が素敵で、毎日がワクワクしている。今まで何度も交流に出かけたが、本当の仲間になった気がしてる。
ヒッポファミリークラブ：
大阪府吹田市・Venid^2（べにべに）ファミリー所属

アフリカ交流　カメルーン

伊丹空港からたくさんの人に見送ってもらって旅が始まった。成田空港で、無事に関東メンバーと合流して本当の旅は始まった。エチオピア航空なので、アナウンスがアムハラ語で始まり面白い音があった。出て来る機内食があまり美味しくない。これがアディスアベバに着くまでに5回も出て来たから、最後の時はもう食べる気はしなかった。なんせ、寄港地が多く、乗り換えでアディスアベバでは4時間、香港とリーブルヴィルで、それぞれ、降りる人に1時間、乗る人に1時間かかるのであった。

まあ、それでも何とかアフリカ大陸の先端、ソマリアの上空に着いた。私ははじめて見るアフリカ大陸の、その荒涼たる大地を眺めていた。そして、いよいよアフリカ大陸に上陸だ！　アディスアベバ、ここで乗り換えなので、まどちゃんが言ってくれた「三味線は？」の一言がなければ、忘れるとこだった。危ない、危ない。それに、三味線は4キロもあり、意外と重いのだ。乗り換えに時間がかかったら、強行突破するように旅行社から言われていたので、走るときもある？　かもしれないので、トットに三味線を持ってもらった。本当に助かった。ここで、トーゴチームとお別れだ。ウイングはなく、バスに乗って乗り換えだが、チェックする人の遅いこと、結局最後は雪崩のようにバスに乗り込んだ。飛行機が着陸態勢を取るために旋回した時、あろうことか海が見えた。ヤウンデは内陸部にあり、海など見えるはずはないのにと思っていたら、まりんしゃが「ここでは降りませんよ」と教えてくれた。後で聞いたら、リーブルヴィルというガボンの首都だった。ここでも2時間は待たなきゃならなかった。「もう勘弁してよ」飛行機好きの私でも嫌になった。今度こそ、ヤウンデに向けて出発だ。やっと、夕方にヤウンデに着いた。あまりにも長いフライトで、何時間乗ったかわからない。

空港には、ホストファミリーの人たちが待っていてくれた。いよいよホームステイの始まりだ。私のホストは私が送った写真を大きなボードに張って、多言語のウェルカムボードを作って迎えてくれた。すごーい。歓迎の対面式の後、家に向かった。車はなんと、現代《ヒュンダイ》自動車の8人乗りワゴン車だった。ヤウンデ中で他に全く見かけなかった。シルバーのピカピカで全く傷ついていなかった。それに、いつも私を助手席に乗せてくれた。メルシーボクー。

初めて家に向かう時、物凄いガタガタ道だったので、ドアの取っ手をしっかりと持っていた。けれどあまりに揺れるので、手首をいわす（痛める）と思って、それからは揺れるがままに乗っていることにした。これほどまでにガタガタで、なおかつ、ここ登れるの？ と言う大岩の急坂があった。この国には道路整備課はないように思われた。また、丘の連続で、見渡すことができなかったので、ヤウンデの全容は分からずじまいだった。それに、住宅開発は大きな重機は使えないみたいで、大きな岩の上に建てたり、谷はそのままに、等高線にそって各自建物を建てている感じだった。

その中で、とても立派な家に住んでいた。カメルーンに建売住宅はなく、土地を買ってそれぞれが建てるそうだ。7年前にこのアパートのような家、1階は4軒、2階は2軒になっていて、2階の東側が我が家だった。だから5軒の大家さんであり、パパのジェフリーは農水省の役人で、ママのアンは英語や地理の教師だった。家には友達の18歳の娘さんブレッシングと、16歳の娘ノエラと14歳の息子ウィリアムがいた。「なぜブレッシングがいるの？」と尋ねたら、「田舎は学校がないから私たちの所から通うためよ」と言った。3人は本当の兄弟みたいに、洗濯や掃除など、仲良く家のお手伝いをしていた。日本でこんなにお手伝いをしている子供はいないだろうといつも感心していた。

家の設備がすべての点で完璧に機能していたことが驚きだった。よくあることで、あるけど使えないとか、電気が来ないので動かないとかだが、この家に関しては本当によく出来ていた。感心したのは水道の件で、政府の水道はよく止まったりするから、民間の会社から買っていて、しかも浄水器を通しておおきなタンクに水をためるようにしていた。外で鶏を料理していた時、タンクからオーバーフローして、時々ザ〜と滝のように落ちてきていた。料金は？ と思ったが、誰も気にする様子はなかった。子供たちは一家の1週間分の洗濯物をバケツでエネルギッシュに洗っていた。私たちが行った時は乾季の始まりで、雨の日は一日もなかった。でも前の日が雨で、ふぅのホストファミリーの子は雨が降ると、道が赤土でぐちゃぐちゃになるので、学校に行けなかったそうだ。道理で、1階の家のベランダに、ずらりと洗った家族の靴が干してあったのだ。

それに水に関しては、私の部屋に2リットルのペットボトルが6本パックになったものが用意されていた。これは、メンジさんの心遣いでしょうか？ だから、気がねなく自由に水を飲めたし、アンに「歯磨きの時にもペットボトルの方がいいよ」と言われたから、贅沢にもそうした。シャワーにしても、最初の時に温かいお湯をバケツ一杯に用意してくれた。バケツも2個あったので、温度の調節に、またかけ湯をするときに便利な小さな桶もあったので、とても快適にシャワーができた。

しかし、カメルーン生活で、困ったこともあった。カメルーンの主食、フフ、キャッサバのワッタフフに全く食欲がわかないのだ。長旅で胃が働かないのと、味のなさで食べられないのだ。これに付いてくるソースにも味がついてないのだ。おまけに、頭も働かず、ふりかけも持って来ていたのだが、かけて食べることさえ思いつかず、お土産としてあげてしまった。でも、朝はフランスパンにコーヒーか紅茶と赤と緑のピーマンの入ったオムレツで、おいしく食べられた。食べ物と言えば、ホームステイ最後のランチをパパの同僚と食べることになり、私に「何が食べたい？」と聞いてくれた。ここは素直が一番と思い「ステーキ」と言ったが、一軒目は時間が早くてダメ、湖の眺めがいい所に行ったがやって無くてダメ、この時点で「なんでもいいよ」と言うべきだったと反省した。パパはそれでも「肉」にこだわってくれて、シシカバブのような串刺しの肉を30本も買ってくれた。これを行きつけのレストランに入って食べた。トウガラシの粉を付けて食べるのだがとってもおいしかった。

日本からのお土産に、全員に交流Tシャツ*を用意したが、そのサイズに悩んだ。送られてきた調査表の写真を見てサイズを考えたのだが、大は小を兼ねるというから、SからXXXLと注文して持って行った。そのことをアンに言ったら「そんなに大きくないよ」と言って、笑いが止まらなかった。でも、いつでもプロレスラーになれるぐらい、本当に立派な体格なのです。お土産の一つに、まねき猫の暖簾があった。アンはさっそくカーテンの上にこれを縫い付けてくれた。その時にも、糸は、はさみを使わず歯で噛み切っていた。

二日目は、小学校訪問で、ヒッポをした。「歓迎の歌」にアフリカらしいリズムが凄く感じられて

*交流Tシャツ：ヒッポカメトゴ交流のオリジナルTシャツ

良かった。私達は、はっぴを着てソーラン節を踊ったり、韓国語の音楽でLOVEの手遊びをした。みんなの乗りが物凄く良くて楽しかった。とっても自然に楽しんでくれて、みんなが感動した。

三日目はどこかのレストランで、パーティで、テレビ局も取材に来るらしい。その料理の準備が始まった。その作り方のワイルドなこと。庭に小さな小屋が有り、原始時代みたいな、大きな石を3つ置いた上に網が置いてあった。そこで絞めた6羽の鶏を羽根のまま火で焼くのである。そうすると、羽根はほとんどがきれいに焼け落ち、少し残った物を抜けばきれいになるのだ。それを胸から開いて、内臓をとり、アジの開きのようにして焼けば完成である。アンは鶏の足を真っ黒に焼いて、ポリポリと美味しそうに食べていた。こんな時にも近所の子供におすそ分けしていた。

メンジさんとホストファミリーで交流パーティをしてくれた。食べ物もそれぞれのホストファミリーで、色々用意してくれた。その中でもカスタネットを足首に一杯つけて踊るダンスチームと、一本が大きくて60センチはあろうかと思われる、木琴の演奏のすごかったこと。私もここで踊らなきゃどうするみたいな気持ちになって夢中で踊った。アフリカに来た！　の思いが沸き上がった。最後の方で私のホストファミリーのノエラとウィリアムが踊った。その軽やかで時々入れるジャンプに見惚れた。この後ジェフリーとアンはアメリカから里帰りしてくる妹を迎えに往復で4時間もかかる空港へ行った。案の定帰って来たのは深夜の2時を回っていた。

このことをよく覚えているのは、私達が住んでいる谷全体に響き渡る大音響の音楽にほとんど眠れなかったからだ。日本のディスコの何倍もの大音響でなんと夜通し、住んでいる谷に流れるのだ。これが朝の五時まで聞こえて来た。ホント誰も文句を言わないの？　後でジェフリーの弟が「サタデーナイトフィーバーだから人生を楽しまなきゃ」と笑いながら教えてくれた。

隣の4歳ぐらいの女の子がよく遊びに来ていた。「コンニチハ」の挨拶を知っていて、何度も何度も言ってくれる。本当にかわいい。それに夕食の時にもやってきて、パパから魚などを食べさせてもらっている。みんな優しい。優しいと言えば、この交流ほど私のニックネームをみんなからたくさん呼ばれたことはなかった。面白かったのはテレビで私たちのことが放映された時、私が映ると「フッキーナ」と呼び、私が行くともう映ってないので「アーァ」とため息をつく事を何度も繰り返したのだった。何度も呼んでくれて、とても嬉しかった。

またある日の夜遅く、トイレに行った。電気をつけたら、なんと真っ黒の10センチぐらいのネズミが居たのだ。急に明るくなり人間を確認したネズミはパニックになり、あろうことか私の方に向かってきた。「あっ」という間もなくネズミが私の右足の親指にぶつかった。何とも言えない、毛皮のつるつるとした感触が残った。うーん、下駄をはかずに来たのが失敗だった。ネズミ＝ペストが頭をよぎった。だからその後、日本で長男が教えてくれた、蚊に刺されない裏技の為に持って来た、抗菌シートで気休めだろうと思いながら、親指を拭いた。でも、ネズミはそれから時々見る。元気そうでなによりだ。

日曜日の朝になった。朝の5時まで大音響で流れていた音楽も止み、穏やかな時が流れていた。私は教会の音楽に興味があったので、誰か教会に行かないかなあと思ってリビングにいた。深夜に帰ってきた、ジェフリーとアンはなかなか起きてこなかった。9時前になった時ウィリアムが、ビロードに刺繍をしたバメンダクロスの服を着て出かけて行った。でも、その後は誰も教会に行かなかった。その内また、谷の下から教会の音楽が聞こえて来た。夜とは違って、素晴らしく癒される音楽だった。私はベッドに横になりながら、この音楽を聴いていた。

日曜日の教会に行くときは、みんなとびっきりおしゃれしていく。アンのおじさんが訪ねてくれた時の服もびっくりするほど派手なプリントを特注して仕立てたものだった。カメルーンに来て驚かされたのは、個性的なプリント生地が至る所で売られていて、また仕立て屋さんもその数に劣らずあって、そのプリントで仕立てて個性的に服を着ていたことだ。それにその体の立派なこと。その体に、個性的なプリントを纏うのだから、かっこいいし目立つことこの上ない。私は日本の風景、人も入った風景を思い、なんと没個性で、色の薄い社会を生きて来たんだろうと思わずにはいられなかった。もっとカラフルで、もっと個性的でいいんじゃないかと思った。

プリントと言えば、フェアウェルパーティには、アフリカンドレスか交流Tシャツかを着てくることとメールがホストに送られてきていた。私が寝ていた部屋のクローゼットには素敵なドレスや靴が一杯、並んでいた。そして聞けば、アンの服はほとんどがお抱えのデザイナーが作ったのだという。ものすごくおしゃれなのだ。そこで、ちょっと無理だろうと思っていた今回のミッション「端切れ集め」が、簡単に出来てしまった。その、専属デザイナーのお店に行った時、今までに仕立てたであろう服の端切れがタンスの中からこれでもか、これでもかと出て来るのだ。布は使いようで、どんなに小さくても捨てる事はなく、大切にしてきたのだということが理解できた。私はなるべく大きくて、カラフルでアフリカらしい物を、興奮しながら選ばせてもらった。そういうことで、いろいろな服の端切れのアフリカンプリント布をそのデザイナーのお店で譲ってもらえた。お土産に、パパのババンキ族のプリント布を、日本の家族4人分をプレゼントしてくれたが、あまりに重たいので半分の6メートルにして貰い、袋一杯詰め込んだ端切れには1万XF（日本円2200円）を払った。ちょっと高くない？　と思ったが、一緒にドレスを選んでくれるらしかった。

その後、行ったマーケットが凄かった。通りには、露天商が色々持ち寄った商品を並べているのだが、風呂敷一枚の商売なのだ。頭にスニーカーを乗せて、両手に持てるだけの靴屋さん、ハンガーと洗濯ばさみを体中に括り付けてる人、スモールビジネスの典型である。これで生きられる経済社会なのだ。その市場で、私達は、通路が1メートルあるかないか、横には服が一杯展示してあるお店に入って行った。この広いアフリカで、この狭さ！　20メートルほど進むと少し広くなり、行き止まりだった。そのお店には、試着できる所もあり、一つキンキラキンのドレスを見つけた。試着したら少し長かったが、すぐ横にミシンのお直しコーナーがあった。1000XFですそ直しをしてくれた。

次の日の朝に、ジェフリーがアメリカから帰ってきた妹ユージンと息子ジョサヤが、お父さんの里に帰るので、バスターミナルまで送ってくると言う。びっくりしたのは、彼女が7個もスーツケースを持って帰ってきたことだった。家族へのお土産がいっぱいなのだろうが多すぎるんじゃない？　目的のバメンダという町まで7時間だという。じゅりえたちが行ったチャンも7時間だと言うが移動は大変だ。タクシーとして使われている普通自家用車5人乗りに8人は当たり前らしく、運転手は端っこから体を斜めにして運転するらしい。ほかのメンバーの話によると子供も入れてだが11人も乗ったこともあったそうだ。とにかく、車検もないし整備の基準がないから、フロントガラスのひび、車体のへこみ、サイドミラーが割れている、取れそうで針金で括り付けているなど、どんな状態でも車は走っていた。そしてここヤウンデでも、タクシーはイエローで、お客は行き先を叫んで、方面があっていれば乗れるという乗り合いタクシーだ。お客を乗せたものの、途中で故障してお客さんが車の横に立ち尽くす光景をよく見た。ここでは、そんなこともよくあるよねと言う感じだった。そして、私の勝手な思い込み、カメルーンに交通渋滞はないと思っていたが、道路の悪さ、信号の無さで大渋滞した。その為に、パーティが2時間も遅れたのだった。

早速買ったドレスで、大使館に行った。みらべるが「そのドレスいいね」と褒めてくれた。また、パーティから、ホテルに帰った時、全く知らない青年が声を掛けてきて「すごく綺麗だよ。そのドレスはバミレケ族のものだよ」と教えてくれた。私は民族衣装を着ているなんて、それまでこれっぽっちも思わなかった。なんだか凄くお得な買い物をした気分になった。

パパ（ジェフリー）はババンキ族だ。また、政府の役人でかなり上の役職にある。職場がなんと3人の兵士が門に常駐して、守っているのだ。だから、伝手があるのだろう、「王様に会いに行くけど一緒に行く?」と聞かれた。王様は今はヤウンデの別荘にいらっしゃるそうだ。パパが王様へのマナー、「王様には触ってはいけない」と教えてくれた。そして、王様に挨拶する時になった。日本式に軽くお辞儀をして、王様の前を通り過ぎようとした時、今までのハグの連続の感覚が押し寄せて来た。このまま通り過ぎては申し訳ない気がして、せめて握手かなと思い、手を伸ばした。王様も手を伸ばした。パパの慌てた声が聞こえた。それで慌てて手を引っ込めた。危ない。危ない。王様の服装はTシャツにハーフパンツ、ビーチサンダルで、かなりのラフな格好だった。それに王様は気さくに話をしてくれた。王様になった時のアルバムもみせてくれた。更に、わたしが好きだと言った飲み物も、わざわざ出してくれた。「ここには6つの部屋があり、いつでも来ていいよ」と言われた。

　ホームステイはとても快適だった。家族みんなが歓迎してくれて、パパの弟たちも送り迎えに来てくれた。また、おじさんたちもふらりとやって来て、一緒にご飯を食べたり、隣の子供たちが遊びに来たりと賑やかだった。私の小さい時もよく似た環境だった。親戚のおじさんは挨拶もせず家に入って来て、お茶を飲んでいた。だから、今でも私は挨拶が苦手だ。更に、虫を食べることも、薪割の時に見つけた、「常木の虫」を風呂の残り火で焼いて食べるのが最高のおやつだった。懐かしい日本がここにあった。

　ウェルカムパーティに子供達も来たから、サンクスパーティにも来ると思って、最後の日にちゃんとお礼を言わなかった。パパの職場に行った時、彼らが来ない事が分かったから、ウィリアムに手紙を書いた。最初、英語で書いていたが、途中からヒッポレターシステム*で書いた。彼はいつか日本に来たいと言っていたから、「ぜひ来てね」と伝えたかった。きっと伝わったと思う。

*ヒッポレターシステム：アルファベット（表音文字）と漢字（表意文字）によるヒッポオリジナルの文字表記

アフリカ交流　トーゴ編

そもそもこの交流に参加しようと思ったのは、滋賀の辻旺一郎さん（通称旺ちゃん）と言う青年のトーゴ滞在の話を聞いたことから始まっている。全く聞いたこともない国に行ってどうだったかと、彼の写真集を見て、面白い国があるんだなあと知ったからだった。そして、びわこ合宿でまりんしゃのカメルーン留学生の話を聞いて、カメルーンか、行ってみたい！　と思った。私の人生で、もう訪れることはないかなあと思っていたアフリカに行けることになるなんて、かなりのサプライズだった。

私は今、三味線と民謡を習っている。この趣味は、旺ちゃんのジャパンフェスに少しはお役に立つかもしれないと思った。色々問題はあったので、三味線を持っていくか？　最後まで迷っていた。ある日、旺ちゃんとラインができた日があった。アフリカのトーゴと大阪だよ！　通信機器の発達にはほんと驚きだ。その時に、ジャパンフェスの宣伝にみんなでチラシを近所に配りに行こうということになった。旺ちゃんがチラシを用意してくれることになり、私は三味線でちんどん屋風に流すことになり、持っていくことが決まった。

トーゴの首都、ロメは海に面している。その道路がカメルーンと全く違って、まっすぐだし、凸凹していない。トーゴってアフリカじゃないみたいで、とっても普通の国っていう印象だ。そしてはなの知り合いの人、コンベイさんのお宅に多勢で一泊させて頂いた。夕方からは、近くのバーで近所の長老の方々を招いてコンベイさん主催のパーティをした。私が驚いたのは、家の前も、道路も、バーの床もさらさらの砂地だったことだ。そして、私たちの出し物、ソーラン節のダンスもさらさらの砂地でやった。足元がおぼつかないことこの上なく、後ろに体を反らせる時は、倒れそうになった。でもみんな普通に踊っていた。

コンベイさんの家で頂いた国民食を、旺ちゃんはアクメとアクメソースと紹介してくれた。アクメはトウモロコシの粉の大きな団子みたいなもので、味は全くなく、アクメソースは塩味と魚とか、カニとかが入っている。ほとんどの料理は薄味で、健康的だった。この旅から帰って、血圧がとても下がったのです。今もいい数字で推移しているのは、驚きです。

いよいよパリメへ出発だ。今は、トーゴはフランス語が公用語になっているが、第一次大戦前はドイツの植民地でドイツ統治の名残りがある。ロメからパリメを経由するガーナへの道は、アスファルトのまっすぐな軍用道路だった。トーゴのつらい過去ではあるが、我々には快適なドライブだった。到着したパリメはかなり蒸し暑くて、アフリカを実感した。旺ちゃんが今日からの宿、ヴィラに案内してくれた。その道すがらでも、色々な人から「オーチャン、オーチャン」と言う声が掛かる。旺ちゃん人気を実感しながら、ヴィラへ歩いた。「ヴィラへの道を覚えておいて下さい」と旺ちゃんに言われていたので、真剣に覚えた。後で一人で帰るときに、とても役に立った。その地域を参考に言うと、鍛冶屋さんや魚の干物屋やヴィラの角には雑貨屋さんがあるのだ。ヴィラはとても大きな建物で、2階全部が、私たちのスペースで、じゅりえと泊まった部屋は、20畳以上あり、蚊帳を吊る都合で、部屋の端っこにマットレスを置いたので、余計広さが際立った使い方になった。

シャワーもトイレも快適だった。ただ、ルーバー式のガラス窓だったので、蚊や虫などはイケイケだった。はじめて泊まった日には、虫に弱いメンバーが血相変えて「蛾がいる！」と飛び込んできた。私はちょうど、カレーを作るときに必要かなと思った、プラスチックのまな板を持っていたのでそれで叩き落そうとした。しかし部屋の天井が高くて、ジャンプしても届かないし、蛾にしてはとてもすばやいのだ。それに色が真っ黒で、なかなか当てられない。その内、どこかへ飛んで行った。後で考えると、あれはこうもりだった。狂犬病のワクチンは高くて、今回は打ってこなかった。その危険性があるこうもりを叩き落とさなくてよかった。蚊帳はあったけど、絶対マラリアになりたくなかったので、蚊取り線香も炊いた。虫に関しては、思っていたよりずーと少なかった。しかし、最後のサンクスパーティの時に、手首を刺された。何に刺されたか、暗かったので全く分からなかった。最初、かゆいなと思った。そして30分ぐらいたった時、掻こうと思ったが、何やら様子が変だ。なんと水膨れができていた。細菌が入るといけないと思ったので、掻かないようにバンドエイドを2枚張った。左手の指も痒かったが、水膨れにはなっていないので、少しだけ掻いてやり過ごそうとしたが、こっちはだんだんしびれて来た。痒さとしびれは、でも一時間ぐらいすると何とかましになってきた。その後、かなり長い間かさぶたはあったし、お正月を過ぎた今でもその痕跡がある。何に刺されたんだろう？　まあ、何の症状もないからいいんだけど。

パリメではホームステイが一泊出来た。私は第一陣で車で送ってもらって、一番早く着いた。立派な門があり、中国の四合院のような作りになっていて、炊事の棟とシャワーが2つトイレが一つあり、あとはドアが5個もある棟が3棟あり、四方を全部囲んでいた。中庭には大きな椰子の木と井戸があり、物凄い豪邸だった。車も2台、中庭に置けるようになっていた。私の部屋の前は、リビング兼応接間になっていて、テレビがあり、何より驚いたのはものすごく古い写真がその部屋一面に飾られていたことだ。男の人がゴブラン織りのローブデコルテを纏っているのだ。昔は部族の有力者？　だったのか、聞けずじまいだった。80歳のアメ・エレーヌというおばあさんが私のホストで、娘のエッセ、孫の女の子エドビシ16歳、男の子エドワルド13歳で家族全員の名前にEが付いている。空いた部屋を他のおばさんや、親戚ではない人にも貸している。夕方に、7、8人に囲まれて持って来た自己紹介アルバムをした。時々旺ちゃんやまりんしゃに貰ったエヴェ語を投げかけてみる。確かに通じてる。ヒッポ人としては、こんな時が一番面白い瞬間だ。一人のおばさんは体重百キロは優に超える、物凄い体のもちぬしだ。この人は、オラース家の台所でもよく見た。また、もう一人のお姉さんは髪の毛のスタイルが半端ない凝り様だ。髪の毛を後ろから見ると全体が渦巻きになっていて、何重にもレースのように髪の毛を編んでいるのだ。こんな凝った髪形を初めてみた。ほんとすごい。

一緒に夕ご飯を食べたが、おばあさんともう少し若いおばさんと私とで食べた。家族全員ということはなく、お客さんと長老？　と言う感じだった。例のアクメとアクメソースだった。この頃になると少し食べられるようになっていた。しかし、食欲は湧かなかった。一度オラース家でパスタとトマトソースの時があった。これはとてもおいしかった。

シャワーをするか？　と聞かれたので「ウィ」と答えた。しばらくすると呼びに来てくれた。シャワー室はきれいなタイルで作られていてドアの上が少し開いていたので、服やタオルをかけるのにとても使い勝手が良かった。ただ、あまりに大きなバケツになみなみと水を入れてくれていたので、半分ぐらいになるまで、かがんで、手ですくって水を使った。手杓があれば、完璧だったけれど、他のお家に行った人は、三方しか囲いがなく、苦労した話を聞くと、文句は言えない。

私の部屋にはダブルベッドがあった。夕方、エドビシがシーツを持って来てくれた。それは、シングルサイズの敷布団にかぶせるものだった。私はこれを見て、タイのストリートチルドレンの寝るスタイルを思い出した。蚊に刺されないように、シーツにぐるりとくるまって寝るのだ。私も袋の中でぐっすりと寝た。

朝になって、朝食を食べているとき、エドワルドがわざわざエビアンの水を買ってきてくれた。昨日の晩、夕食を食べているときに、私が何か飲み物が欲しいと言ったから、おばあさんが特別に買いに行かせたものだった。アッペカカー。

トーゴのホームステイは、朝に「親戚の家に行くよ」と言われたので、また帰って来るだろうと思って、荷物の半分を置いたまま、おばあさんと車に乗った。どこへ行くんだろうと思って景色を見ていると、なんか見たことがある家に着いた。なんと旺ちゃんやみんながお世話になっているオラース家だった。確かに、親戚だけど……野球をしていたグループのまどちゃんたちに、それが伝わったらしく、「もう帰って来た人がいる」って驚かれた。私のホームステイはあっけなく終わってしまった。

みんなが帰って来るには時間があるし、どうしようかなあと考えていたら、ちーちゃんが市場に連れて行ってくれた。結構、服屋さんもあって、襟元にカットワークを施した、ろうけつ染めのワンピースを５０００ＸＯＦ（日本円で１０００円）で買った。念願の買物が出来て、早く帰って来て良かった。置いてきた荷物は、後でちゃんと届けてくれた。

昼過ぎにジャパンフェスティバルに向けて、みんなでチラシを撒きに行った。大概の人は笑顔で受け取ってくれた。次の日はいよいよちんどん屋スタイルで行く。はなが扇子を持って前を踊ってくれる。他の人はチラシまきだ。本当はトーゴの道がまっすぐとは言え、ほとんどの道は舗装されていないし、車の轍はあるし、至る所に石は転がっているしで、三味線を弾きながら、なおかつ歌も歌いながら、みんなに遅れず前に進めるか？　不安だった。しかし、やってみたら意外と進める。１時間ぐらいチラシまきをした。途中で楽器屋さんを見つけて買い物、旺ちゃんの親友、マティアスのお姉さんの店にも寄り、その間、隣のお店のベンチで待っていた。チラシも撒き終わったので、お土産屋さんに行きたい人、マーケットに行きたい人に別れた。私はまず三味線を部屋に置きたかったので、一人でヴィラへ帰ることにした。でも、帰ると部屋で休んでるはずのじゅりえはいなくて、三味線を抱えて、また、旺ちゃんの拠点、オラース家に行かなければならなかった。

ジャパンフェスの当日、朝から４００人分のカレー作りから始まった。旺ちゃんから切れる包丁はないと聞いていたし、ホストファミリーへのお土産だったが、カレー作りに必要じゃないかと思い、

100均の包丁とピーラーを残しておいた。見事に道具がなかった。柄の片方取れた包丁と大きな鍋だけがあった。百個の玉ねぎの皮むきや、小さな剥きにくいにんにくなど、みんなで手分けして頑張った。包丁の柄を紐で修理したり、ピーラーで皮をむいたじゃがいもを型抜きで小さくしたり、とにかくあるものでカレー作りだ。チームワーク最高。火は炭で、火力はすごい。とにかく、12時半までに何とかできた。具がいっぱいだったので、持って来たカレールーはかなり余った。足らないよりずーといい。持ち上げるのも大変な重い鍋を運ぶのはどうしたんだろう? 旺ちゃんのトーゴの友達2人がものすごく助けてくれた。この2人がいなければ時間内に出来上がらなかっただろう。メルシーボクー。このカレーを、みんなに配るのがたいへんだったそうだ。トーゴの人は普段、並ぶことがないから、我先にと取りに来るしで、相当なパニックになったらしい。最後は警察を呼ばなければ収拾が付かなかったそうだ。私は反対のコーナーにいてその騒動を全く知らなかった。良かったような、残念だったような気持ちだ。

このジャパンフェスで一番の見せ場は、着物ショウだった。着物チームは準備のために、成田から直接、トーゴに来ていた。着物のコーディネートはもちろん、小物やサイズ合わせなど、本当に大変だったでしょう。ショウにはストーリーがあって、トーゴと日本の友情を表現するのに、着物の半身ずつをそれぞれの国の布で合わせるなど、よく考えられていた。可愛い子供たちにも、甚平や浴衣など着てもらっていた。後で聞いたら、このショウの為に選曲して準備した音楽があったらしいが、「イ

ッツ　アショウタイム」になった時になんと停電！　うそでしょ！　でも、現地の人の太鼓で何事もなく？　やってしまったんだよね。ほんとこのトーゴでよくやったよ！　着物チーム、ブラボー！

ジャパンフェスでは、ヒッポタイムもあった。私達は舞台に上がり、それぞれがいろいろな言語で挨拶した。みんなで何語と決めてはいなかったが、ダブることなく挨拶した。これってすごくない？会場のみんなで手遊びのＬＯＶＥもした。そして、思いっきりソーラン節を踊った。この頃になると、振り付けもほとんど覚えていて元気よく踊れた。何度も踊る、何度も言うと、人間は出来るようになるもんだ。

日本の紹介では、私は三味線コーナーを作ってもらって、ローマ字で歌詞を書いたものを用意した。「さくらさくら」を周りの人と歌おうとしたが、会場がうるさくてなかなか難しかった。でも、２人の小学生の女の子が熱心にズーと付き合って歌ってくれた。正直ほっとしたし、嬉しかった。会場は暑くて汗びっしょりだった。

そこに、私のホストファミリーのおばあさんと例のビッグママとエドビシとエドワルドも来てくれていた。おばあさんはプレゼントした交流Ｔシャツを着てくれている。腰に巻いている布、パーニュがＴシャツとマッチしていてすごくセンスいい。すぐ外では、はなが前の日に焼いたクレープをガスコンロで温めている。ここにトットもお手伝いしていて、すごくはなの力になっていた。トットの料理好きがとても活きている。このコーナーで、エドビシもエドワルドもお手伝いしている。すごくいい子たちでした。エドビシが時々「フッキーナ」と声を掛けてくれる。ほんと、嬉しいし、彼女の優しさが伝わってくる。また、会いたいな。

茶道の為に舞台にテーブルを上げて、やっとお点前の時間になり、日本の雰囲気を出す為に三味線を弾く用意をしたが、着物ショウに出ていたモデルさんたちが次々に舞台に上がって踊りだした。これでは、いつまでたってもお点前が出来そうもない。しかし、そこであきらめないのが、百戦錬磨のベティとじゅりえである。舞台でみんなに見てもらうのは諦めて、私たちの隅にあったテーブルですることになった。ちょうど一番前に座っていた、エレネおばあさんとビッグママと他に交流Tシャツを着ていた二人を呼んで、お点前が始まった。たくさんの人に紹介は出来なかったけれど、ステイ先のママに茶道を体験してもらって、私的には良かった。しかしながら、茶道の奥深さなど……大音響のBGMでみじんもない。これがトーゴ!! 三味線演奏を今か今か? と何度も組み立てたりばらしたりしていたから、気持ちがもう付いていかず、弾くのは諦めた。せっかく、ここまで持って来たが、沢山の人に披露することは叶わなかった。

カレーの配り方、飲み物のもめごとなどいろいろあったらしいが、とにかく最後の全員集合の写真を旺ちゃんが撮ってくれて、終わった。帰りに、ビラの向かいにある、パリメのコンビニ? でビニール袋に入ったオレンジアイスを一番に行って食べた。「美味しい!」。それを見てふぅも食べたいと言うので、また行って全部買い占めてしまった。ささやかな祭りの後の打ち上げだ。

終わってみれば、このジャパンフェスは500人以上の人が来場し、なんと400人にカレーを食べてもらい、着物ショウもたくさんのモデルさんと子供たちにも出演してもらった。トーゴの国旗にちなんだ、赤、黄、緑のクレープ、折り紙、書道、浴衣の着付け、和名コーナー、茶道、三味線と民謡など今までトーゴの皆さんが知らなかったであろう「日本」を紹介できたと思う。これを実現するのには旺ちゃん初め、今回の16人プラス助っ人の力が結集しなければ成し得なかったでしょう。カメルーンとトーゴでの一人で一家庭に入って交流を深める事と、たくさんの仲間と協力して成し遂げた成果のどちらも「すごい！」と自画自賛している。

1年経った頃にアフリカ仲間と再会した。その時に彼らが揃って話してくれたエピソードがある。「トーゴの朝はどうだった？」と聞かれたら、なんと「フッキーナ」となく鳥がいたそうだ。確かめたい人はトーゴへどうぞ。

――アフリカ　番外編　エチオピア――

エチオピアで

トランジットのため、エチオピアのアディスアベバで一泊した。エチオピアは世界の中で、人類発祥の地といわれている。その中でも「ルーシー」に会いたいと国立博物館を訪問した。もちろんレプリカではあるが、会ってきた。人間の祖先は「イブ」と言うことらしいが、「ルーシー」に会えるとは思っていなかったので、今回はとっても幸運な旅になった。入り口に有ったポスターのルーシーは、大きな猿か、小さな人間の間に見えた。私は人間の歴史に興味があるから、ここに来れて感激した。

また、私もモンゴロイドの一員なので、モンゴロイドの偉大な旅、グレートジャーニーに惹かれてしまう。かーめんがアフリカは「母なる大地に帰る旅」みたいなことを言ってたけど、それを実感した時間だった。

次にアディスアベバの町が一望できるエントット山に行った。バスはどんどん高度を上げていき、ガイドさんは山にはコニファーとユーカリのここにしかない自生種が生えていますと教えてくれた。私はユーカリの匂いが好きだから、どんなものか？　嗅いでみたかった。ドライブウェイの近くにはアザミのような植物もあり、近所のおばあさんが巨大な柴の束を腰が折れんばかりに背負っていて、大変と思ったが、私も柴刈りの経験があり、少し懐かしくもあった。

ここには、きっと観光客が来るのだろう、村人が手に手にお土産物を持って、私達にも売りに来た。何かいいものはないかと思っていたら、大岩の上にポツンと小さな土産物屋が目に入った。そこはかなりの上にあった。でも行ってみることにした。あまり大きくないヤギ皮の太鼓を見つけた。音もいいし、これならスーツケースにも入るだろうと買ってきた。ここでこの旅に出てから、最初で最後の値段交渉をして、２５０ブルを２００ブルにしてもらった。アジア諸国では、値切るのが当たり前だが、カメルーンやトーゴでは下手に値切ると、私もお店の人も細かいお金がなくて買い物ができないのだ。まあ、正直な値段がついていることもあるんだけれど……

アディスアベバ አዲስ አበባ

エチオピアの首都でエチオピア高原の標高2400mの高地にある。このエチオピアはアフリカではとても珍しく、イタリア、イギリスの侵攻をうけたが、長く西欧諸国の植民地になったことがない、誇り高き国である。だから、国語は他の多くの国がフランス語や英語などを公用語にしているが、エチオピア原住民のアムハラ族のアムハラ語である。エチオピアもアフリカ諸国で多くあるように80以上の多民族国家である。そのアムハラ語のアルファベットは独特で、音それぞれに表記が分かれていて、すごく複雑である。しかしとってもおもしろい！　そしてエチオピア航空の一番目のアナウンスは、アムハラ語であり、全く分からなかったが「チョッチョ」と言う音が聞こえて来た。ちなみに、アディスアベバとはアムハラ語で「新しい花」と言う意味だそうだ。また、英語で表記するとAddis Ababaとなり、アディスアババと発音するのかなあ？　アディスアベバとも発音するとは書いてあるが、アババとはどこにも書いていない。不思議だ。アムハラ語のアルファベット表を有名なコーヒー豆屋さんの前でお兄さんが売っていたので、ゲットした。他にもアフリカが真ん中にある世界地図もあった。私達は待ってましたとばかりに大量に買い込んだ。

メルカード

東アフリカ最大のマーケットにも行った。大きなビルがたくさん立ち並び、どこに何が売っているのか初めて行ったものにはさっぱりわからない。とにかく、迷子にならないようにみんなについていく。しばらくすると、横に自動小銃を抱えた迷彩服の兵士が私たちを守るために付いてくれている。ガイドさんが頼んだのか？……いろいろなトラブルを避けるために付いてくれているのか分からなかったがとっても安心して、歩けた。アグセムナーロ！。ここでイグサみたいなもので編んだカラフルな籠と、真冬の日本に帰ることを考えて、タイツを買った。めちゃめちゃ派手なタイツで肌ざわりはいいんだけれど、まだ出番はない。

これからの私

日本に帰って来てから、合宿や色々なところでアフリカの話をさせてもらった。一緒に行った大学生のトットはカメルーンの水、特にきれいな飲み水をみんなに提供することを次のステップにしていくために、大学で研究していく目標を見つけた。人間、目標が見つかるととてもいい生き方ができるのは、想像に難くない。トットとは同じヒッポファミリークラブに所属しているので、とても身近な存在なのです。それで、このことが私のこれからを考えさせずにはおかない。しかし、還暦をとっくに過ぎている、不動産賃貸業で、全くフリーでもない今の私にどんなことが可能か？　既に、国際協力関係の団体に5つ参加し、市民団体では、女性の人権の啓発と獲得に長い間活動してきた。実家の農業の米作りも手伝うし、小さいが私の畑も自然農法をしている。また、仲間と山や竹林の整備に汗を流している。それに、趣味で三味線と民謡、たまにチンドン屋でヴァイオリンも弾く。色々なことに関わってはいるが、どれも専門家とは言えない。

アフリカの旅に行ってからもう半年以上が過ぎた。私にはアフリカの派手なプリント布は衝撃だった。ある日、大阪の万博記念公園にある、国立民族博物館で、なんと、カメルーンのホストファミリーから贈られた布と全く同じ布で、アフリカのドレスの代表として、真正面にどーんと飾られていたのにはびっくりした。アフリカ大陸の数ある部族の中で代表だなんて。

合宿していたヴィラは、シャワーとトイレが一緒で一ヵ所しかなかったので、大変でした。複数の人がお腹を壊していたからです。

じゅりえ

池谷　奈々子

profile：主婦
出身・在住地：東京都足立区・神奈川県横浜市
好きなこと：水泳（海が好き）　旅行　音楽を聴く（ライブは楽しい）ビールやワイン etc.　フルーツ（スイカ、梨、グレープフルーツ etc.）魚介類　美味しい物 etc.
なぜカメトゴに？：一度は行ってみたかったし、メンジさんや旺ちゃんのいる国に行きたいと思いました。
カメトゴに行って変わったところ：自分では特に変わってないと思いますが。
ヒッポファミリークラブ：神奈川県横浜市・みなとみらいファミリー所属

私が初めてヒッポに出会ったのは、50歳の時です。それまでは全く知りませんでした。主人と姑の一周忌を終えて、今の家に引越し、子供たちも新しい生活に慣れて来た頃で、これから、どうやって生きて行こうかと考えはじめた時期でした。

主人は46歳の時に肝臓がんが見つかり、もっても1年位だろうと言われました。主人には肝臓がんの事は告知して貰いましたが、生存期間については告知しませんでした。主人は前向きに病気と向き合い、禁煙し、お酒も控え、癌について書いてある本を読んだり、癌に効く薬やドリンク等々試したり、本当に頑張りました。そんな主人に反して、私は告知されてから、夜眠れない日々が続き、精神のバランスを崩してしまい、今までのように家事やパートをする事が出来なくなってしまいました。子供たちの事や主人の両親の事（何度か入退院したり、病院も付き添って行ったり）など考えてしまい、とても不安でした。そして、わたしは不眠症、食べ物の味がわからない、尿意も感じなくなり、病院の神経科にも行きましたが、病院では治らないと2回目で気づいたので、それから行きませんでした。そんな日々を過ごしていましたが、その年の11月に舅が急に亡くなってしまい、主人と2人で葬儀をやり、一人残された姑のフォローをしているうちに、私もこのままでは駄目だ、しっかりしなくてはという気持ちに変わっていきました。

そして、癌とわかって最初の検査入院から、1年半が過ぎた頃にまたも主人に試練が、肝臓がんだけで充分大変なのに、加えて重症筋無力症という難病まで発症してしまいました。それからは、本当に辛い日々でした。それでも、入退院を繰り返しながら、5年5ヵ月病気と戦い、生きる希望を持って頑張ってくれたので、小学5年生と中学1年生だった子供たちはそれぞれ中学3年生と高校3年生になりました。最後の入院となった7回目の時は、毎年夏に家族や友達と伊豆七島の式根島へ行っていたので、それまでに治そうと皮膚に出きた湿疹を診てもらいに病院に行きました。ところが、そのまま入院することになったので、私はパートを早退させてもらい、入院の支度をして、病院に行きました。ただの湿疹だと思っていたのですが、2週間くらいの間に激変し、それまでは仕事の後、病院に行っていましたが、朝から病院に行かなければならないような病状になってしまい、入院していた市民病院ではそれ以上の治療が難しくなり、市大病院に転院することになりました。その時は顔以外の全身に湿疹が広がって、薬を全身に塗って、包帯をミイラのようにぐるぐると巻いていました。市民病院では、シャワーで体を綺麗に洗い流し、薬を塗るなどすべて、私がやっていましたが、市大病院では、皮膚科の看護師さんがすべてやってくれました。転院して1ヵ月くらいで、酷かった皮膚はかなり綺麗になりました。病名は難病指定になっている天疱瘡というものでした。皮膚は良くなったのですが、大量の薬を投与したため、肝臓が治療できないほどダメージを受けてしまいました。皮膚の治療がだいたい終わったので、家から近い前の市民病院へ戻りました。市大病院では、1日置きに病院に泊まっていましたが、市民病院に移ってからは、朝8時から夜9時まで病院で主人と過ごしました。主人は癌の治療をして欲しいと思っていましたが、担当の先生には最後まで会って貰えませんでした。今でも、それがとても残念です。病気に前向きだった主人ですが、それが、かなり精神的にきいたのではないかと思います。市民病院からは住んでいた家が見えました。見えるのに遠いというも言っていました。子供たちに今の姿を見せたくないと思っていた主人は生きているうちに家に帰ることは叶いませんでした。先生にお願いしたり、主人を説得したり、色々準備して、やっと、1日だけ家に帰れると決めたのにその当日の朝、帰らぬ人となりました。市民病院に転院後、病院に泊まったのは、家から近いこともあり、転院した日と亡くなる前の日に看護師さんに泊まってあげて欲しいと言われて泊まった2日間だけでした。その夜は、主人が色々（体の向きを変えて欲しいなど）と言うので、ほとんど眠ることが出来なかったのを覚えています。ただ、最後一緒に過ごせたのは、良かったと思います。

子供たちは受験生でしたが、私は何もしてあげられませんでした。主人が亡くなってから、看病の為、辞めたパートに戻れることになり、住んでいたのが社宅でしたので、引越し先を探し、決まったとほぼ同時期に姑が入院し、10日後にあっという間に亡くなりました。姑には主人の肝臓がんの事は伝えていませんでしたが、重症筋無力症は症状が見てもわかるので、心配していました。それまでは月に1日か2日は主人と姑の様子を見に行きましたが、行かれなくなり、一人で心配していたのだと思います。後を追うように逝ってしまいました。そんな状況でしたので、悲しんでいる時間はありませんでした。

そして、なんとか落ち着いて、これから、どうしようかなと考えていた時にヒッポに出会ったのです。たまたま体験会に行き、説明もあまり聞かず、次の日、ヒッポファミリークラブに入会申込みをしました。入会後1年半で、フランスのアヴィニョン家族交流に参加しました。本当に楽しい体験でした。旅行では体験できないホームステイの魅力にすっかりはまってしまいました。何年経っても、ホームステイしたファミリーと過ごした時間は色あせる事無く、楽しい思い出と嬉しい気持ちとその時の情景が浮かんできて、感謝と共に笑顔や涙が溢れて、とても温かな気持ちになります。本当に、どの国の人も、素敵な人で言葉や肌の色、文化や習慣の違いはありますが、私にとても優しく接してくれました。今回、アフリカに行って、本当にどこの国とか関係なく、人はみな同じだということがわかりました。元々、多言語のアフリカで特にカメルーンで、ヒッポが受け入れられた事は本当に嬉しかったです。

暑くて、熱いカメルーンとトーゴに行って来ました

遠い国カメルーンのヤウンデ空港でメンジさんと沢山のホストファミリーが手作りのカメルーンヒッポと描かれた大きな旗で出迎えてくれ、可愛い女の子が日本語で挨拶してくれた事に感激しました。私はカメルーンで2つのファミリーにホームステイしました。空港での対面式の後、ホストママ（ヒルダ）の車に、もう一人のホストママ（ルイーズ）と一緒に乗って、ヤウンデのホストアベファミリーの家に行きました。2人のホストママは姉妹でした。途中、道路沿いで果物をたくさん売っていました。それを見て、私は思わず、美味しそうと叫んでいました。それから、しばらくして、ヒルダが車を停めて、パイナップルやスイカ、マンゴウ、バナナなど沢山の果物を買ってくれました。家に着いてから、ルイーズがそれをカットして、最後にレモンを絞って出来上がりました。フルーツポンチ

のようで美味しかったです。

家では、学校から帰って来ていた子供たちが迎えてくれました。

2人の女の子たちは私の顔や髪、指を触ってきました。初めての体験でしたが、その仕草がとても可愛かったです。子供たちとはシャボン玉や折り紙、KANJIトランプ*などで遊びました。トランプの時にはフランス語の発音を何度も直されて、何故出来ないの？　という顔をされたのを覚えています。フランス語、英語、民族語などが区別なく、話されていたようです。パパ（ジティ）に民族語を教えて貰ったのですが、みんな違う言葉だったので驚きました。ありがとうだけでも、4つあり、ベリウォ、ベリウェイ、ミヤカ、ミヤ……

次の日はヒッポメンバーとメンジさん、3、4人のホストと午前と午後2つの学校に行きました。子供たちが歓迎の歌で迎えてくれたのですが、その歌声は本当に素晴らしく、感動しました。私たちもソーラン節や手遊び、写真で日本紹介をしました。子供たちは喜んですぐに真似して、一緒にやってくれました。言葉もすぐに真似し、本当に凄いと思いました。そして、みんなキラキラした目をして、元気で可愛かったです。

帰宅後、建設中の大きな白い家に行きました。とても素敵な二階建ての家でした。その後、近くに住む親せきの家に行きました。その時は、街灯もなく夜で暗く、道も凸凹だったので、女の子たちは私の手を繋いでくれ、三人で一緒に歩いたのが嬉しかったです。

3日目は朝、学校に行く子供たちを見送った後、遠い町チャン（Dschang）にあるルイーズの家に向

*KANJIトランプ：表意文字の「漢字」を「絵」のように親しみ、多言語で遊ぶトランプ

かいました。長距離バスのターミナルまでパパの車で送ってもらいました。ルイーズは途中で降りて、一緒にホームステイする事になっているヒッポメンバーのベティを迎えに行きました。二人が来るまで、パパの車の中で待ちました。バスターミナルにはたくさんの人が大きな荷物を持って集まってきました。穀物の入っているような大きな袋や主食にしている青いバナナの房など、本当にたくさん持っていました。私もトランクとダンボール箱（子供服やトーゴの日本フェスティバルで使う物など）を持って行きました。戻る予定だったので、置いていきたい荷物もありましたが、分けている時間も場所もありませんでした。ルイーズと同じベッドで寝ていましたし、荷物を広げるスペースがありませんでした。初めの3日間はルイーズと一番一緒にいたように思います。ルイーズは私を呼ぶときに、ジュリー（私のニックネームはじゅりえ、呼びやすいジュリーと呼んだのではないかと帰って来てから思いました）と大きな声で呼びました。今でもその時の彼女の声と顔を思い出すと嬉しくなります。

ルイーズとベティがバスターミナルに着いたので、パパと運転していたセドリックは帰りました。暫くして、チャンに行く長距離バスが来たので、それに乗り込みました。途中で一度バスから降ろされて、パスポートを確認された事がありました。その時に旺ちゃんの写真集でトーゴでは女の人も立ったまま用を足すと書いていましたが、それを私もここカメルーンで目撃してしまいました。

そして、ヤウンデの家を朝早く出て、やっと着いたチャンでは日本で一度会った事があるエマニュエルさん（ルイーズのご主人）と家族が迎えてくれました。素敵なバメンダクロスの民族衣装と手に持って使う楽器、木製の素敵な入れ物に入ったコースターをくれました。息子のアシュリー（13歳）

は手作りのビーズのブレスレットを私たちにプレゼントしてくれました。チャンはヤウンデより涼しくて過ごしやすかったです。そして、おばあちゃんとブレッシング（娘・17歳）、ミルドレット（姪・16歳）、クランデル（養女・26歳）の3人の娘さんがいました。子供たちと一緒に折り紙やKANJIトランプをしました。アシュリーが日本語を教えて欲しいとノートと鉛筆を持ってきたので、教えてあげました。彼は折り紙もとても上手でした。4人ともとてもシャイであまり話をしませんでしたが、次の日行った教会では歌ったり、踊ったりキラキラしていました。その朝、5時頃だったと思いますが、子供たちがお掃除をして、その後、1時間くらい家族みんなでお祈りしていました。朝ごはんを食べて、私たちは昨日貰ったバメンダクロスの民族衣装に着替えました。家族もみんな着替えて、教会へ行きました。エマニュエルさんと司祭さんは英語とフランス語（それぞれ英語の時はフランス語の通訳、フランス語の時は英語の通訳つき）でお説教しました。そして、子供たちは生演奏に合わせて歌い、踊っていました。そのあと、エマニュエルさんが司祭さんを送って行く間、急遽、ヒッポを紹介することになり、音源なしでベティと二人で手遊びやじゃんけんゲームを日本語でやった時など、みんな直ぐに日本語を覚えて、楽しそうに踊ってくれました。それから、家に帰って、ルイーズやおばあちゃん達が朝から支度していたお料理を頂きました。（生きていた鶏を絞めていました！）私は特に切り干し大根に似ていた野菜の炒め煮？　と青菜の炒め物が美味しくて、たくさん食べました。同じ食卓には私たち、エマニュエルさんとお友達のモモカさん、そして、一緒に働いている日本の青年と日本からインターンシップで来ている女性などでした。日本の2人はエマニュエルさんから私たちの事を聞いていたそうですが、この地に私たち日本人がいる事にとても驚いていました。ここチャンではあまり日本人は見かけないようです。食後は一緒にチャンの街を少し観光しました。王宮にも行きましたが、王様は留守でお会いできなかったのが残念でした。

その夜は近くに住んでいるエマニュエルさんのお友達の家に夕食に呼ばれました。ご主人と奥様、小さな娘さん2人と子守りの女の子が迎えてくれました。写真を一緒に撮ったのですが、キレイに撮れていなかったのが、残念です。そして、あっという間に2日間のホームステイは終わってしまいました。

ほとんど、エマニュエルさんの家族とは一緒に過ごすことが出来なかったのが、少し残念です。そして、ヤウンデに帰るために、月曜日の朝早く、チャンを出発しました。帰りはエマニュエルさんが送ってくれました。もうすぐ出発する、その時になって、ルイーズが折り紙を教えて欲しい、そして浴衣を着たいと言い出したので、このタイミングでーと思いましたが、ベティと2人で頑張りました。なんとか、時間をかけずに浴衣も着せることができ、ルイーズも喜んでくれたので本当に良かったです。

それから、ヤウンデまでの長い移動の一日がはじまりました。夕方ヤウンデでベティのホストママと会って、ベティと別れ、また、タクシーに乗って、やっと最初のホスト、アベファミリーに着きました。その時はジティとヒルダはまだ、仕事から帰ってきていませんでした。

しばらくして、エマニュエルさんはメンジさんに会いに行きました。そして、夜遅くアベファミリーに戻り、食事をしてから夜中に帰っていきました。バスは24時間走っていると聞きましたが、次の日仕事だと言っていましたので、心配でしたが、次の朝、エマニュエルさんが電話をくれ、元気そうだったので安心しました。私たちを受け入れるためにルイーズとエマニュエルさんが仕事を交代でお休みし、ヤウンデから遠い自分の家に迎えてくれた事、そして、ルイーズはヤウンデに住む妹家族の家に私と一緒に泊まり、私がヒッポメンバーと現地の学校訪問をした時は送り迎えをしてくれました。お友達はじめ沢山の人と会う機会をつくってくれ、エマニュエルさんが歓迎してくれたことがとてもよくわかり、忙しかったけれどエマニュエルさんのファミリーとの3日間はなかなか体験出来ない長距離バスにも乗れ、教会でたくさんの人たちとの楽しいひと時、エマニュエルさんの子供たちとも少しだったけれど、ふれあえ素敵な思い出になりました。

チャンから戻った私をアベファミリーの子供たちは笑顔で迎えてくれました。そして、エマニュエルさんが出かけた後にジティとヒルダが帰ってきました。最初の日に採寸して作ってくれると言っていた民族衣装2着とコーヒーや木彫りのライオンの置物、ペンダントなどをプレゼントしてくれました。さっそく、試着して大きな2人と写真を撮りました。それから、そのお礼に持ってきていた浴衣をヒルダと女の子たちに着せてあげました。可笑しかったのは、浴衣を着たヒルダが空手のような構えをしたことでした。あとで他のメンバーにそのことを話した時に、着物というよりも帯をしめるのは武道（空手）をイメージするのではないかと言われ、ヒルダの行動に納得しました。まして、ヒルダはバリバリの警察官、制服姿がとても素敵でした。

次の日、子供たちは学校に行き、ジティとヒルダは仕事に行きました。その日はお別れの日でホテルに行くことだけはわかっていましたが、何時にどこのホテルに行くのか私はわかりませんでした。

とてもいいお天気だったので、洗濯することにしました。この時日本を出てからはじめて、のんびりした時間を過ごしました。しばらくして、ヒルダがアジェックと帰ってきて、ヒルダが私にパッキングと言ったので、急いで荷作りしましたが、出かける様子はなかったので、取り込んだ洗濯物を干しなおし、それから夕方まで、アジェックと過ごしました。前の日は夜遅くまで起きていて、珍しくパパのジティに怒られていたアジェック。朝は眠そうな顔で学校に行ったのに、私の膝の上に頭をのせて、変顔してみせたり、カカオの実を割って、一緒に食べたりと楽しい時間を過ごしました。その時のアジェックは本当に可愛かったです。

カメルーンは舗装された道は殆どなく、土埃が凄かったし、至る所にゴミの山があり、上下水道や電気などの設備は日本とは全く違いましたが、2つのファミリーとも、とても温かく、迎えてくれ居心地の良い日々でした。食事（虫の幼虫、バッタ、蛇ほかのアフリカ料理）はラブリン（通いのお手伝いさん）やルイーズが料理上手だったので、どれも美味しかったです。機会があれば、また行けたらいいなあと思います。

カメルーンの最後の夜にレストランでホストファミリーとの食事会がありました。夕方5時集合だったのですが、大渋滞にまきこまれて、一番遅かった人は、終わりの予定時間に到着しました。それで、終わる予定だった時間から始まりました。私もヒルダが忙しいのに少しの時間でしたが、顔を見せてくれて嬉しかったです。そして、驚いたのは、食事会が終わって、ホテルに送ってもらったのですが、

10分くらいで到着したことでした。みんなで歩いてレストランに行けたね～と笑いました。

カメルーンで色々な事を体験した私たちはトーゴのロメ空港に着いて、トイレがとても綺麗だったことに喜び、道路が舗装されていて真っすぐだった事、ごみが無い、車もわりと綺麗、バイクも殆ど2人乗りで、運転手はヘルメット着用していた事など、ひとつひとつに皆、驚きの声をあげていました。そんな私たちをトーゴチームは不思議そうな顔で見ていました。

トーゴの初日はロメで、皆一緒にコンベイさん（ヒッポメンバーはなの知人）の大きな素敵な家に泊めて貰いました。コンベイさんの奥様の美味しいトーゴ料理をご馳走になり、カメルーンやトーゴのホームステイのシェアをしました。そして、その夜、ロメの人たちとの交流パーティがありました。トーゴの人たちの音楽や私たちはソーラン節やカメルーンの学校などでやった手遊びをしました。招待されていた人たちは、音楽や踊りが始まっても、まるで日本のＰＴＡの偉い人のように座ったまま笑顔も見られませんでした。アフリカの人は皆、踊りや音楽が好きなのだと思っていたので、ちょっと驚きました。ただ、招待されていない他の人たち、子供たちや若者は音楽に合わせて私たちと一緒に踊っていました。楽しかったのですが、傍にいた若者が、私が飲んでいたビールをくれととてもしつこかったので、離れた席に逃げました。それがちょっと嫌でした。

次の日、日本フェスティバルをするパリメに移動しました。ホームステイもパリメで1日だけでしたが体験できました。私のホストファミリーはモンシイファミリーで、パパとは最初着いた時に一緒に写真を撮っただけでした。ママのシャリテは朗らかで、楽しく、優しい人でした。私がプレゼントを渡した後、何がしたいか聞かれたので、カレーライスを作りたいと言いました。それで、材料を買いに行くことになり、初めてバイクタクシーに乗りました。風がとても気持ち良かったです。野菜カレーにしました。肉は入れる気になれませんでした。30度以上の気温の中、冷蔵庫に入っていないハエがたくさんたかっていた生肉を見ては、流石の私も食べたいとは思えませんでした。その後、日本フェスティバルで出すためにみんなでカレーを作った時、トーゴの人が肉をライム？　レモン？　で何回か揉み洗いしてから調理しているのを見たとき、生肉の扱い方がわかりました。

野菜カレーにしたからなのか、その時、みんなは食べてくれませんでした。その後、日が沈んでから、寝るまで庭で過ごしました。みんなが作っていたフフ（キャッサバと言う芋で作った）とアデメ（モロヘイヤ）ソースを私も一緒に食べたのですが、フフが熱くて、手で食べられない私にシャリテが2歳のエマニュエラと同じように口に入れてくれました。それから、フローランス（14歳）とエリザベス（10歳）に折り紙や日本語を教えてあげました。ここではお土産に持ってきたソーラーランプがとても役に立ちました。

寝るときはエリザベスと同じベッドで寝たのですが、寝相が悪くて、ほとんど寝られなかったのが辛かったです。次の朝、ふたりは6時まえに起きて、お姉ちゃんは洗濯、妹はお掃除をしていました。今の日本とは違って、カメルーンでも子供たちは良く働いていました。私の子供の頃、姉たちが良く家の手伝いをしていたのを思い出しました。カメルーンもトーゴも昔の日本を思い出させてくれました。

それから、朝ご飯に多めの油で揚げ焼きしたオムレツ（トマトと玉葱の入った）を挟んだフランスパンを食べました。同じ物をみんなで食事をしていたオラース家でも食べたのを覚えています。パリメでは、オムレツはあのように作るのかなと思いました。

一緒に住んでいる甥っ子のコフィ（25歳）に短い時間でしたが、エヴェ語で数字や自己紹介などを教えて貰うことが出来て良かったです。その後、シャリテがエマニュエラをおんぶして、私を散歩に連れて行ってくれました。前日、私が髪の毛を編み込みしているところを見たいと言ったのを覚えていて、美容院（椅子と簡単な囲いがあるだけでした）に連れて行ってくれ、途中でアイスも買ってくれました。ヒッポメンバーのみらべるがホームステイしている家に行きました。前日に車でホームステイ先に順番に送って貰ったので、その家を覚えていました。こんなに近いとは思いませんでした。シャリテと知り合いだったようでした。みらべるのホストママはアフリカの布を売っていたのですが、私はすでにアフリカ布を買っていて、お金もほとんど持っていなかったので、いらないと断りましたが、シャリテが布を選んで買ってくれました。家に帰ってからも、布や服をプレゼントしてくれました。何度か断ったのですが、シャリテの気持ちに感謝して貰う事にしました。

子供たちが踊りながら、歌をうたっていたので、それを動画で撮りました。すると、シャリテが私の手をとって、トーゴの簡単な歌も教えてくれました。動画を撮ってくれたので、あとで見て、ありがとうと歌っていたことがわかりました。一日とは思えないほど、色々な事を体験させてくれ、感謝の気持ちでいっぱいです。プレゼントに持っていった交流Tシャツは小さ過ぎたので、今度はシャリテが着られる服をプレゼントしたいと思っています。

トーゴでは、ヴィラに女子8人で合宿をしました。一人部屋が2部屋、二人部屋が3部屋でした。部屋といってもあるのはマットレスと蚊帳（コンクリートに釘を打って吊るした）だけでした。私が居た部屋は2人でしたが、かなり広かったです。夜は10時頃までラジオ放送していたのか？　人の声がうるさかったのですが、何を話しているのかはわかりませんでしたが、何となくおもしろかったです。朝は早くから鳥のさえずりやニワトリの声そしてコーランでも起こされました。そして、食事はオラース家で美味しい料理をみんなで食べていたので良かったのですが、合宿していたヴィラはシャワーとトイレが一緒で、一ヵ所しかなかったので、大変でした。複数の人がお腹を壊していたからです。幸い私はお腹を壊すよりも、お腹が空いて困りました（笑）。

ヴィラでの楽しみは、オラース家で夜ご飯を食べたあと、みんなでヴィラに帰るのですが、ヴィラのすぐ前の小さなお店でビール、ヨーグルトドリンクやアイスクリームを買うことでした。冷蔵庫が無い生活だったので、飲める量だけ買いました。冷たくて本当に美味しかったです。飲み水はビニール袋に入っていました。三種類あり、味が全然違いました。ヴィラに用意してくれた水がその中では一番美味しかったです。ビニール袋のままでは持ち運べないので、空のペットボトルがとても役にたちました。ジャパンフェスティバル（400人分のカレー作り&クレープ、着物ショウ、日本文化&ヒッポ活動の紹介）をみんなで頑張りました。本当に素晴らしい体験でした。カメトゴ交流に参加して、また、素敵な仲間に出会えたことも本当に良かったです。カメルーン、トーゴ、ヒッポエンニョントン。

日本人の私が、アフリカを心のふるさとと感じた理由《わけ》

ベティ
中川 紀子

pprofile：言語交流研究所研究員・フェロウ　主婦
出身・在住地：東京都墨田区（3代続いた江戸っ子）東京都多摩市
好きなこと：テニス　ヨガ　料理　茶道　飲むこと
なぜカメトゴに？：アフリカの素敵な笑顔に魅せられて。
カメトゴに行って変わったところ：より大らかになり、細かいことを気にしなくなった。何があっても驚かない、ありのままに受入れられる気がする。どんな状態でも生きていける気がする。
ヒッポファミリークラブ：東京都多摩市ソレイユファミリー／府中市ソレイユファミリー主宰・所属

今から10年前の2008年、私は生まれて初めてアフリカへ、ホームステイに行った。

南アフリカ共和国。たまたま、ヒッポの交流で、仲間がアフリカへ行くメンバーを募っていて、誘われるままに、ふらふらっと行くことにしたが、実はその根底に、ずっと昔、多言語活動が始まったばかりのころ、ヒッポの創設者の榊原陽さんが、私達フェロウを集め、「これからは世界にヒッポを作るから作りたい国を言いなさい」とおっしゃって、一人一人に国を言わせた。その時私は、世界にヒッポを作りに行くなど面倒だし、出来ないと思っていた。仕方なく「アフリカ」と答えた。遠いアフリカと言っておけば絶対に行くことはないと思い、口から出まかせを言ったのだ。ところが、それから何年もたち自分がそんな事を言ったことすら忘れていたのに、目の前にアフリカ交流が突き付けられた時、思いだしてしまった。

あ――、かつて私は、「アフリカへヒッポを作りに行きます!」と言ったということを――。きっとそのことは誰も覚えていないだろう。榊原さんですらおぼえていないかも……。でも言った私が覚えている。目の前に初のアフリカ交流のチャンスが来て行かないとは言えない。ことばの活動をしている以上は自分の言ったことばに責任を持たねばと頑なに思い、25時間かけて南アフリカへ仲間とともに旅立った。

南アフリカ共和国

私たちが行った南アのベンダは都市部と異なり目にするのは全て黒い人ばかり。我々だけが肌の色が違っていた。真っ赤な大地と、真っ黒な人々。その対比に初めはびっくりし、自分の肌の色がやけに気になり、じろじろ見られているような、変な気がしていた。しかしよくよく人々を見ると、その顔はとてもにこにこしており、ときには手を振ったり、非常に人懐っこい笑顔だった。

彼らの家にホームステイをしながら、水道や電気もなく、勿論シャワーは水。お湯などでない。そんな不自由な生活でも明るくて元気な人々に癒され、11ヵ国語を話す人々の優しさに触れ、次第に自分の肌の色も気にならなくなった。彼らと同じ色になりたいと思った。多言語を話す人々はこんなに柔らく、温かい心の持ち主なんだ。と、感じて帰国。彼らの笑顔ととびっきり白い歯と真っ赤な大地はずっと瞼の奥から離れなかった。そしてまた行きたい！　あの笑顔に会いたい！　しかし、可能性はないものと信じていた。

再びアフリカへ

2017年11月に、アフリカのカメルーン&トーゴ交流に行くという話が持ち上がった。もう二度と行けないと思っていたアフリカにまた行けるチャンスだ。それこそ今を逃したらもう先は考えられない。最後のチャンスと思い決死の覚悟で交流に参加した。何しろ私は70歳の古希。

今回のカメルーンは、ハルさんとメンジさんの出会いから生まれた交流。そして日本でヒッポに癒されたメンジさんが、アフリカのみんなにヒッポを紹介したい、ヒッポをしてほしいとの思いの交流だった。私たちも学校や、いろいろなところでヒッポをしようと意気込んで現地に向かった。

カメルーンの空港に着いた時、ホスト達は日本のヒッポの旗かと見間違うほどの、日本語や多言語で書かれた横断幕を持って、我々を出迎えてくれた。そして明るい笑顔、元気な声、南アの人々と同じ様な人々がここにも待っていてくれた。私は嬉しくなりホストのママテレサの胸に飛び込んでいった。ママテレサは政府関係の人で、農業や、女性の地位向上の支援などの仕事をしており、日本にもＪＩＣＡで富山に来たり、アメリカやアフリカ諸国にも行っており、又３人の息子を持つビッグママである。家は、あとで分かったのだが、今は借家の2ＬＤＫ（現在、新しい家を建築中）、部屋いっぱいの大きなベッドの部屋が私の部屋。長男とママが一緒に住んでいて2人はもう1つの部屋に寝ていたらしい。ほかの息子たちは、次男は他の地域にいて、三男は中国に留学している。すごく優秀なため中国から招かれたとか。初めて家に着くと、いろいろな人たちが次から次へとやってきて、誰が家族なのか少しもわからない。みんな、ご飯を自由に食べていく。わけもわからずお土産を次々と渡した。大切なヒッポ交流Ｔシャツは家族にと思うのだが、今一関係性が分からない。みんなすごく親しい。後々だんだんにわかってくるのだが、ママテレサの妹と大学生のその息子が、いつも朝早くから遅くまでいてくれ、食事を作ってくれていた。妹さんは、ご主人はいなさそう。大学生の息子はとてもいい子でよく働く。イケメンでもある。

ママはヒッポからのサンクスレター*をとても真剣に読んでくれた。そして、彼女は私に「何語で話したい？」と尋ねてきた。「何語が話せる？」とかは聞かれたことはあるが、「何語で話したい？」と聞かれたのは、初めてで、びっくりした。２５０もの言語があるカメルーンだから、何語でも構わな

＊サンクスレター：ヒッポのホームステイの主旨と受け入れしてくださったことに感謝の手紙

いのか。私は一応公用語はフランス語なので「フランス語を話したいがきっとそれだけでは通じないから、英語も」といった。ママは、「OK！」と言ってフランス語と英語を混ぜながら話し出した。

シャワーを浴びることになった。お湯がほしいかと尋ねられ、「欲しい」というと3分1ほどのお湯が入った小さな洗面器をわたされた。シャワー室は、一畳ほどの広さのところに、トイレと小さな洗面と蛇口、高いところにシャワーが一つついていた。その洗面器に入った少しのお湯を見つめながら、「来たかー！」と思った。これから始まるアフリカ生活の第一歩だ。さて、この貴重な少しのお湯をどう使おうか、そしてこの狭い場所で、着ている服を濡らさないようにするにはーと暫く考えた。夜は涼しくて、シャワーの水はやはり冷たい。少しの水で本当にぴちゃぴちゃ体を濡らし水で増やしたぬるま湯を肩から浴び、その日は終了。私は周りにしっかり蚊取り線香を付け眠った。

翌日は、学校訪問。その前にすぐそばにある学校に、ママは私を案内してくれた。子供たちは先生の言うことをよく聞き、小さな子でもみんな行儀よく椅子に座っていた。しかし部屋はうす暗い。外では赤ちゃんを背負った若い女性が卵や子供たちのお菓子を売っていた。ママは「ほら、女は育児をしながら働かなくちゃならない。大変なのだから！　写真にちゃんと撮っておいて！」といった。そう言えば物を売っているひとは、みんな女性ばかり、男は何をしている？

その日はメンジさんが選んだ二カ所の学校を訪問。ヒッポの多言語プログラムを紹介。私達ははっぴ姿でソーランを踊り、ＳＡＤＡをいくつかした。みんなすごいノリでダンスが大好き、すぐに踊りだす。まねっこも上手、わからない、出来ないなどとはすこしもいわず、片っ端から真似して大声で楽しそうに声をだす。
オリンピックの東京都事業の一環の「世界に友達作ろう！　プロジェクト」で、カメルーンが対象国になった私の母校多摩第一小学校から託された子供たちの写真、作文などもこちらの校長にわたすことができた。ミッション成功！

8時間の長距離バスの旅

私とじゅりえは、何故か、ヤウンデから8時間かかる地方都市チャンへ行くことになっていた。じゅりえのホストのエマニュエルさんが是非我が家にと2人を招いてくれたのだった。

150人くらい乗る大型バス。幅が通路挟んで3列と2列。日本のバスより幅も高さも長さも大きい。朝早くにヤウンデを出発。バスに乗り込む。物売りの人たちが出発前のバスの中で盛んに物を売っている。お菓子や、果物、パン、お土産、なんでもある。バスの中は、乳飲み子を抱えたお母さん、子供連れ、夫婦、沢山の穀物などを抱えた人、紳士、本当にあらゆる人々でぎっしりと混んでいておまけにみんな大きい体格だからすきまがない。その中に、バスが動き出しても降りない物売りの人が1人座らずにバスの真ん中に立ち、大きい声で話し出した。

それは止まることなく延々と続き、ある時は絶叫しツバキが飛んでくる程の勢い、エネルギッシュで、洗脳されそうに感じた。

みんなうるさくないのだろうか、なぜ文句を言わないのだろうか不思議だった。周りを見ると、寝ている人もいた。うなずきながら聞いている人もいた。うるさそうにしている人もいたが、だれも何も言わない。誰か止めさせて！　うるさいと怒鳴って！　と私は心の中で願っていたが誰も何も言わない。一体これはなに？　物売りのおじさんはドンドン興奮しながら、大声を張り上げ感情豊かに絶叫した。そして何かが入った小さな袋を乗客たちは買い始め、４時間後、おじさんは、たくさんのお金を儲けバスを降りていった。やっと静寂が訪れた。みんな何ていい人なんだろう。なんだか知らないけど、あのうるささを許しおまけにものを買ってあげるなんて。私には全く理解ができなかった。

　そして今度は突然バスが止まり、乗客全員降ろされ、道路を歩かされた。わけがわからない。途中草むらで用を足している人もいた。歩きながら道端をふと見ると、「ＣＯＮＧＯ」と板切れに書いてある。コンゴ？　あのコンゴ共和国？　まさか？　でも書いてあるし……「私達今コンゴに来たの？」じゅりえと私は半信半疑で顔を見合わせた。又もやわけがわからない。暫くハイウェイを歩き先に行っていたバスにまた乗り込み目的地のチャンに向かった。

　長いバスを降り今度はタクシーに乗りかえた。日本だったらとっくに廃車になるであろうボロボロのタクシーばかりが走っているカメルーン。バンパーも曲がってぐらぐらしていて落ちそうだし、ガラスにはひび割れ、トランクは荷物が飛び出していても御構い無しで、これでもかと積み込む。人も同様。わたしの２〜３倍ある人が５人乗りタクシーに３〜４人と、小さい私たちとで８人も乗ったりで、タイヤがつぶれはしないかと心配だったが、運転手は体を半分窓からはみだし、斜めすわりで運転をしている。人も物も詰め込むだけ詰め込む。

そして夕方やっと家に到着。ご主人のエマニュエルさんやおばあさんが待っていてくれた。すぐに素敵なバメンダクロスの伝統的な立派な民族衣装をプレゼントされた。

大変高級なもので誂えたくらいにピッタリだった。翌日朝から家族全員で教会に行った。勿論昨夜いただいたバメンダクロスの衣装をきて。家族のみんなもおしゃれをし、エマニュエルさんも男性用のバメンダクロスの民族衣装をきていた。

教会では、エマニュエルさんは、司祭ではないがパスターのような役割を担っていて、フランス語で話す司祭さんの横で、彼は英語で通訳している。教会には、ドラムやキーボード、太鼓もあり、賛美歌もアフリカンリズムで体を動かし歌う、最後には若い女の子2人がピタッとしたタイツ姿でリズムに合わせせかっこよく踊った。私たち2人もみんなに紹介され会釈。

会が終わり外に出るとみんなが寄ってきて写真をいっしょにとりたがった。まるでスター並み。そしてエマニュエルさんが来賓を車で家まで運ぶので、その間わたしたちは、子供たちと待っていることになった。

時間がある。みんな暇そうだ。ヒッポをしよう！　エマニュエルさんも昨日子供たちにヒッポをしてくれと言っていた。じゅりえと私は教会の中に子供たちを招き入れ、でも音源がなかった。仕方なく携帯の音で手遊びのＬＯＶＥをやってみた。大きな声でやるしかない。携帯は聴こえない。「カイバイボ！」*でじゃんけんゲーム、みんな乗ってきた。次第にだんだん集まりだし30人くらい、小さい子から大学生年代までみんなやってくれ、最後にセブンステップス*を日本語でやってみた。すると見

＊カイバイボ：韓国語のじゃんけんぽんのかけ声　＊セブンステップス：数で多言語で遊ぶゲーム

事に子供たちは面白がり、大声で歌いだした。エマニュエルさんもそのうちに戻ってきて嬉しそうに我々の様子を見ていた。帰り道こどもたちは「イチ、ニーイ、サン」の大合唱だった。

ウェブのインタビュウをうける

エマニュエルさんの家ではたくさんのおもてなし料理が用意され、今朝絞められた鶏が食卓にならんでいた。その日のうちに、食べるだけ絞めて食べきってしまえば、こんなに暑くとも冷蔵庫などいらない。野菜も食べるだけ外から摘んできて調理すればいい。初めこんなに暑いのになぜ冷蔵庫がないのか不思議だったが、そういうことか。不便なようで、実は合理的。新鮮で無駄がない。

ゲストは、今日の司祭さんや、お偉い方々、ジャーナリストのモモカさん、ＪＩＣＡで日本から来ている若い男女。彼らはまさかここに私たちがいるとは思わずきたら、「本当にいた！」と驚いていた。テーブルは、大人たちだけ。子供たちはべつのところで食べているのか姿が見えない。大人と子供は朝もはっきり分かれている。子供たちは日本の子供たちとは比べものにならないくらい良く働き、学んでいる。壁に板がありそこにチョークで数式が書いてあった。紙ではなく板や、石に書いて勉強しているのか。しかもしょっ中停電する暗い中で。

夕方ゲストが帰り、エマニュエルさんは私たちを王宮につれていってくれた。この地域の部族の古い王宮で、王様に会える予定がダメだった。でも忙しい中、チャンの村をたくさん案内してくれた。帰宅後一緒に行動していたジャーナリストのモモカさんがインタビュウをしたいということになり、

1時間くらいフリーで話し、本番は録音しながらのインタビュウだった。突然のことにどきどきしながら、頑張って話さなくてはと、アフリカに来た理由、想い、ヒッポの説明。アフリカの感想。などやはり1時間くらい話し続けた。今思っても一体私は何語であんなに沢山話したんだろう。わからなかった。そばにいてくれたじゅりえに聞くと、私は英語とフランス語を時々混ぜながら話していたという。モモカさんは何語だったんだろう？　彼らの公用語はフランス語だからフランス語だったのかな？　そばにいてくれたエマニュエルさんはフランス語も英語も話す。混沌とした中でも私が伝えるしかないと頑張って話した。モモカさんは、じっとよく聞いてくれた。語彙がどうの、文法がどうのではなく、私の思いを知ろうとしているモモカさんの姿は、私のことばをどんどん引き出して行った。そしてその後モモカさんのもっているWEBサイトにはこんなタイトルがつけられていた。

"Notre philosophie c'est qu'll n'y ait aucune barriere entre les hommes"
〝私たちのフィロソフィー 人間の間にはいかなるバリアもない〟

翌日早朝、エマニュエルさんのところからまたまたあの例の長距離バスに乗り4時間の洗脳にも似た物売りのおじさんの大演説に悩まされながら、やっとママテレサの待つヤウンデに到着した。
往復二日、中一日の長い旅だったが、そんなにもして招いてくれたエマニュエルさん。優しくてすごくまじめで信心深く、メンジさんの友人でもありママテレサと同郷。そしてヒッポをとても理解してくれている人だった。又、ここでも素晴らしい出会いがあったことに感謝したい。

Accueil / Actualités
/ Mme Noriko Nakagawa à Sinotables.com : « Notre philosophie c'est qu'il n'y ait aucune barrière entre les hommes».

Mme Noriko Nakagawa à Sinotables.com : « Notre philosophie c'est qu'il n'y ait aucune barrière entre les hommes».

Par Sinotables 01/12/2017

Mmes Noriko Nakagawa et Nanako Iketani à Dschang, Cameroun..jpg

Notre journal a rencontré deux citoyennes nipponnes en séjour linguistique au Cameroun. Accueillies à Yaoundé, Mmes Noriko Nakagawa (à gauche sur la photo) et Nanako Iketani ont séjourné du samedi 25 au lundi 27 novembre 2017 dans la cité de Dschang.

Mmes Noriko Nakagawa et Nanako Iketani sont deux membres de Hippo Family Club/ Language Experience, Experiment & Exchange (LEX Institute). Leur séjour au Cameroun leur a permis de beaucoup apprendre sur les hommes et leurs cultures. Elles repartent au Japon avec la conviction que de nombreux japonais autres suivront leur exemple. Notre entretien avec Mme Noriko Nakagawa a été facilité par M. Emmanuel Kanla.

Sinotables.com : Qu'avez-vous appris du Cameroun ?

Mme Noriko Nakagawa: Lorsque nous serons de retour au japon, nous allons partager notre expérience du Cameroun avec les autres membres du club. Les membres de Lex Hippo Club. Nous irons le faire dans les établissements scolaires. Et pour cela nous arborerons ces tenues (elle indique sa robe qui est typique de la région du Nord-Ouest, ndlr) pour leur dire « voici le Cameroun ! » Cette tenue et les photos faciliteront la transmission de ce que nous avons appris ici.

Dernière minute

Cameroun / Culture : inaugurations des musées communautaires de Bafou (Menoua) et Bamesso (Bamboutos).
24/11/2017

Ghana / La programmation informatique sera introduite dans le système éducatif dès l'année scolaire 2018-2019
22/11/2017

Affaire Parfait AYISSI et l'Adolescente du lycée d'Obala : un collectif d'Avocats constitué pour défendre la jeune fille.
11/11/2017

Cameroun : Gervais BOLENGA est le nouveau DG de la CAMWATER (Cameroon Water Utilities Corporation).
10/11/2017

Débat : « Développement local au Cameroun : le cas de la Menoua ».
01/11/2017

Cameroun : l'agence Général Voyage suspendu de toute activité pendant 3 mois après l'accident de lundi soir qui a fait au moins 15 morts.
24/10/2017

Liens

› Hôtels

私も多言語人間

ホームステイももうあと1日しかない。翌朝、出発まで時間があり、ママと私は近くを散歩しながら友人の家々に立ち寄った。その道すがらママは、自身のことを急に語りだした。現在ご主人と別居中であること。その理由など。そんなことまで？　と戸惑いつつ聞きながら、彼女が頑張っている姿、社会的にも母としてもすごい女性であることを通感。このアフリカの男性社会で、パワフルに明るく生きている、まさにビッグママだ。彼女は、今年から仕事が終わりフリーになるから、是非ヒッポのアフリカのコーディネーターになりたいといってくれた。それが実現したら、もっとたくさんの人がアフリカに行きアフリカを感じてもらえる。夢が一気に膨らんだ。

そしてママから最後に感想文をもらったのだが、そこには、私が彼女の周りの色々な知り合いに対してフレンドリーに接している姿に対しての喜びと、私が非常にパワフルな女性だと書かれていた。そしてヒッポを作りたいと。私は驚いた。ママテレサのパワーに驚嘆していた私が、彼女から逆にパワフルだと思われていたなんて。そして、だれに対してもフレンドリーだと誉めてくれている。何だか全く同じことを私はアフリカの人々に感じていたのに、わたしも、そう？　同じ？

いつも感動のホームステイ。勿論状況は全く違うが、素敵な家族や人々に囲まれ楽しく過ごすことができ、やっぱり来てよかった。幸せだった。本当に素晴らしい人々と沢山出会えたなーと思う。こんな私を、こんなに誉めてくれて、私も彼らに負けないくらいの素敵さを持っているってこと？　私も多言語のヒッポ人だから、多言語人間だから彼らと同じ？

トーゴのジャパンフェスティバルへ――ことばを話す喜び

いよいよ、カメルーンに別れを告げ、旺ちゃんの待つトーゴに入る。旺ちゃんの明るい笑顔の出迎えにほっと一安心。ここではみんなで合宿生活。一風変わって面白い。みんなで一斉に食べる食事は、給食みたい。旺ちゃんの知り合いでトーゴで日本人ボランティアのゆうくん（大学生）や、セネガルから来たちーちゃん（社会人）。ちかどんのアシスタントのてらちゃん。そしてトーゴだけに来たトーゴ隊、カメルーンから来たカメルーン隊。それぞれがここで、やっとカメトゴ隊が一緒になった。そしてここの目的は、ジャパンフェスタ＆ファッションショウ！　その宣伝のために日中ビラ配りをしなければならない。暑いさ中にだ！

はっぴを着、水を持ち、チラシを持ち、外に出た。「アミデ旺ちゃん」というと「オーチャン、オーチャン」と声がかかる。旺ちゃん効果だ。あっという間にチラシがなくなる。

バイクの人もわざわざ止まりチラシを受け取ってくれる。なんて優しいの？　好奇心が強いのか？　2日間炎天下でチラシまきをした。でも日本と違いみんなどんどんチラシを取っていってくれる。そのうちに、ことばを話すことが楽しくなってきた。初めは、取ってくれるかな？　少々恐る恐る渡し始めたが、強面の男性も気軽にとってくれたり、話をきいてくれる。段々調子にのりだした。

〝Bonjour Monsieur! Je m'appelle Noriko Nakagawa, mon surnom Betty Chan, Betty Chan si'l vous plaît? Je viens du Tokyo〟

〝TOKYO!〟というとみんなが「オオ！　TOKYO!」と喜んでくれる。どんどんうれしくなりことばが溢れてきた

「場所はね、ここよ。メリエ　パリメ。（パリメ市役所）知ってる？」みんなは勿論地元民だから知っている。みんな〝Oui〟と答えてくれる。私はというと、ここに来るときに車で通っただけ。建物は見たがそして「近いよ！」とは言われたが、実際には歩いてはいないからどのくらいかはわからない。だが、ともかく近いと教わっていたので、あたかも地元民のように「近いでしょ。来れる？来てね」と話していた。そしてそのことばに疑いもせず、うなずいて聞いてくれ約束してくれる人々。チラシを配りながら、楽しくて楽しくて、心が軽くなり、どんどん人に寄って行った。フランス語で書かれたチラシもだんだん読めるようになっていった。初めて来たTOGO。初めての村。でも地元民のようにふるまえる自分。又、違和感もなく疑いもせず受け入れてくれる人々。何なんだろう？

♪文字が踊る♬

チラシの文字が踊っている！　うれしくて発していることばと一緒にその文字が読めてきたら文字が踊りだし、音声になって相手に届いた。不思議な感覚だった。昔、全く知らなかった韓国語の文字

が、ある日ふっと読めた時、文字が、立った！　起き上がった！　という感覚を持ったことがあったが、今回は文字が踊りだした。一人で文字を読めるようになった時の感じと、人を介して読めるようになってきた違いか？　人と人との間で音をもらいながら読めてきた文字は、人に伝わり又自分に返ってくる感じだった。もしかしたら子供が文字を読めていく時って、こんな感覚なのかな？　お母さんにしつっこくお気に入りの絵本を読んでとすがる。そしていつの間にか、一人で読めてしまう。この時の気持ちって、「あいうえお」から教わって読めるのとは明らかに違う感覚だ。温かな音と、受け止めてくれる優しさと、それがあるからこそ話したくなる、読みたくなる、読めるようにもなるのかな？

We are something Special !

トーゴのホームステイ、フェスティバルも終り、エチオピアに一泊して私達は無事帰国した。アフリカの大地のおかげで、血圧も、血糖値も下り、すこぶる健康的になった私達。それにしても、みんなで何かをする時の団結力、集中力はすごかった。大して打ち合わせをしなくてもそれぞれの役割が分かり動き出せる。アフリカという未知の世界で予想もつかないことが起きるからこそ、ヒッポという軸を真ん中に心を寄せることができる。個性的なメンバーが集まっていたが、お互い同士の信頼と絆は、日に日に強くなっていったように思う。高校生の一年留学じゃあないけれど、この困難を乗り越えた仲間の絆はかけがえのないものだ。だからこそ　We are something special !

これからも特別な思いの仲間だと思う。

私とアフリカ

この交流「アフリカ」に何故惹かれたのかと考えてみた時、急に子供のころのことが蘇ってきた。小学生時代、「アンクルトムの小屋」の本が好きで涙を流しながらよく読んでいた。アフリカから奴隷としてアメリカに売られ綿畑で働く少年トムの話だ。そんな頃TVで放送された、アフリカで医者として一生をささげたアルベルト・シュバイツァー博士に感動し、その著書「人間はみな兄弟」の本は、いつも私の机の傍に置いてあった。

そしてヒッポの活動でJICAの研修生たちとのホームステイプログラムがあり、なかでもアフリカの研修生たちの、どんな下手な英語でも優しく受け止めてくれる彼らの姿勢に感動し、何故なんだろうと思ったこと。アメリカやヨーロッパの人々は、こちらの英語が下手だと「もういい」という感じでスルーされ、やっぱり通じないのかとみじめになったりすることが度々あった。しかし彼らは違っていた。わからないと自分たちの言い方が悪いのかもといい、いくらでも、こちらが分かるまでいろいろな言い方で話してくれ、わからせてくれた。その姿勢の違いに驚き感動し、彼らをいつしか大好きになった。

又フランス語圏のアフリカのJICAの研修生にパーティで会った時、当時はフランス語は本当に挨拶しかできなかった。しかし、フランス語を話すアフリカの人だと知った途端、思わず「ボンジュール」と挨拶をした。そうしたら、その人はすごく喜びまわりの仲間たちを呼び寄せた。「ここに、フランス語を話す日本人がいるぞ」と。たちまち背の高い褐色の人々が私の周りを取り囲みワイワイ話し出した。私は挨拶を繰返し相槌を打ち、知っているほんの少しのことばで彼らと話した。彼らは、「ここのJICAの職員でもフランス語を話せる人がいなくていつも我々はさみしい思いをしていたんだ。だから今日はフランス語が話せる人に会えてすごく嬉しい」と言ってくれた。細くて背の高いアフリカの人々に囲まれ、私たちはずっと笑っていた。周りを見ると、いろいろな国から来ている人々なのに、日本人のゲストと話している輪はみんな英語。こんな稚拙なフランス語なのにこんなにも喜んでくれるなんて、そしてその場がすごく楽しくて、みんなでたわいもないことに一緒に笑い、心を通わせることができ、一言でも相手のことばを話せてよかった。こんなに互いが近くなるのだということを実感した。

心のふるさと

そんなことが何となく、アフリカへの思いにつながっていたのだろうか。自分でも知らず知らずに、「世界ヒッポづくり、どこの国?」と榊原さんから問われたとき、自分では口から出まかせで「アフリカ」といったと思っていたのだが、こころの奥深くに眠っていた、アフリカへの想いが現れたのだろうか? そんなことを考えていたら、ずっと昔に母が(私の父は私が生まれて5ヵ月くらいで、ポックリ病―今でいう心筋梗塞―で突然他界したので写真でしか父のことを知らない)父のことを話してくれたのだが、戦後物のない時代に、雨が降っていて父は傘をさしていた。しかし傘がなく雨宿りをしていた人に傘を貸して、自分は濡れて帰ってきて、そのことを笑いながら母に話したそうだ。そして母はそんな父を誇らしげに、小学生の私に話してくれた。

なんでそんなことを急に思い出したのだろう。アフリカは私たちが忘れてしまった世界をまた呼び起こしてくれたのか？　アフリカから人類が誕生し、世界に分布していったという。沢山の部族とことばがあるカメルーン、トーゴ。暮らしは決して便利ではないけれど、今私たちが忘れてしまったものがあり､懐かしく思う。やはり人間のふるさとなのかな。たくさんのことばを話す人々。様々な部族。それぞれに違っている。でも繋がっている。いろんな人と出会い、いろんなことばと出会い、生まれて初めての体験だと思いながら、どこかに感じる懐かしさ、居心地の良さ、温かいぬくもり。メンジさんが日本でヒッポに感じた感覚。そして私たちがアフリカで感じた感覚。

10年前の南アでは、多言語人間に憧れた。そして今回は、自分の中にもアフリカの人と同じがあることを感じた。多言語に開かれたヒッポは、アフリカの人々のように、温かくて、開かれた心を持っていたんだ。それを目指して私はヒッポ活動をやってきた。榊原さんに報告しよう。「私ね、約束通りにアフリカに行ってきましたよ。素敵な人々に会い、素敵な新しい自分も又見つけましたよ」って。

追記　―母を想う―

私が、初めて榊原陽さんにお会いした時、まだ多言語のヒッポではなく前身の英語だけの活動だったが、お話を聞きながら「そうそう！」と自分が今まで思っていたことを口に出しことばにしてくれていると、感動した。そしてなぜだか、今は亡き母に、心の中で感謝をした。「榊原さんの言っていることが分かるように育ててくれてありがとう」と。

しかし、ずっとそのことが具体的に何なのかが今一つわからなかった。感覚ではそうなのだが、人にことばで説明することができなかった。母は学者でも何でもないし、ことばについて私に語ったこともない。それなのにどうして榊原さんのことばと母が結びついたのか。

今、わかってきた。それは人間としての在り方、生き方を同じ方向で示してくれていたことだった。母が私に大切なこととして教えてくれた事、人間として大切な生き方。

榊原さんが、ことばの大切さを説いたこと、多言語人間であることのすばらしさを説いたこと。それらはイコール。同じだった！

そして、「ことば」は人間だけが持ち、地球上でとってもひ弱な生き物である人間の最大の武器でもあるのだ。ひ弱な人間同士が「ことば」によってつながっていける。

未知のものを新たに創り、発見していく時「ことば」なくしてそれを表わすことはできないのだ。

人間だから「ことば」を話す。「ことば」を話すから人間なんだ。だったら、沢山の豊かな「ことば」をもちたいと思う。

私の内に湧き起こった感動から
隔たりや境が溶けて、アフリカに飛び立った。

まりんしゃ

上斗米《かみとまい》 正子《まさこ》

profile：一般財団法人 言語交流研究所 コーディネーター　研究員・フェロウ
出身・在住地：青森県八戸市・神奈川県川崎市中原区
好きなこと：多言語プログラム研究・実践　身体言語活動　水墨画　有元利夫
なぜカメトゴに？：湧き起こった衝動に突き動かされてカメルーン・トーゴにいくぞ！
カメトゴに行って変わったところ：人間は共に助け合い生きるために言語を授かっていると。
ヒッポファミリークラブ：神奈川県横浜市・なみなみファミリー主宰　千葉県船橋市・ガンビーラファミリー所属

アフリカ「ことばと人間」の旅　カメルーン

多言語活動ヒッポファミリークラブのパイオニア交流に手を挙げ、２０１７年11月カメルーンとトーゴへ、大学生からシニア年代16名が２週間のホームステイの旅に出発した。

香港―アディスアベバからカメルーンの首都ヤウンデへ向かう。空港にはホストファミーになる人々が待っていて、お互いに自分の家族を見つけては握手やハグの大歓声！　夫と私のホストはメンジさんで日本留学中の交流から、生まれた息子さんに夫の名前を命名していただいたご縁で、私たちにとってはアフリカの孫「ハルシ君」に会いたいと、この企画が始まった。空港の片隅で対面式が始まる。多言語の挨拶に歓声が沸き起こり、私もテンションが上がり「Finalement nous sommes arrivés ici pour vous voir!」（我々は皆さんに会うためにここにやってきました）と叫んでいた。誰よりもメンジさんは有頂天の眼をして、ホストファミリーや日本人の世話にかかりきりだった。空港にハルシ君がいた！　突然の大騒ぎに少し怯えたようで、ママにしがみついていた。Yokohama Bay stars のスポーツタオルを首にかけ、胸に「HOLA」のヒッポバッチをつけて。夫が近づいて抱き抱えようとすると後退りした。一生懸命「ハルさん（日本のお祖父さん）だよ」と声をかけた。駐車場に向かう時、飛行機が何機か見えた。ママがハルシ君に向かって「It's an airplane（あれは飛行機だよ）」と何回か繰り返すとハルシ君が「airplane…」と小さな声で囁いた。

ヤウンデのホストファミリーの家は空港から繁華街をぬけ、郊外のジャングルの道を抜けた行き止まり、赤土の急斜面を登った高台にあった。階段などはなく、私は何度も足をとられたが、駆けつけた隣人と思われる人たちは我々のトランクを片手や頭に携えて登った。家に入ると壁に、「WELCOME HOME パパ＆ママ」と紙のテープで書かれたウエルカムサインが我々を迎えてくれた。ここがハルシ君の家、カメルーンの我が家だ。本当に来たんだ……と、涙が零れそうになる。

辺りは暮れて、居間にいくと、家族や見知らぬ人々が集まっていた。電圧のためか照明が暗く誰が誰か分からない。みんなの目だけがギラギラ光っていた。大皿にこちらの代表的な料理が並ぶ。まず私たちに食事が勧められ、家族と客人、最後に子どもたちが促されたが、皆礼儀正しく無言で食べる。暗い中で静かに食事する。いつもにも増して夫は無口だ。私の方から皆さんに自己紹介をしてもらう。でも誰が誰だかわからない。また沈黙の時間が流れる。居たたまれなくなって、私が日本で準備してきたパワーポイントを紹介することにした。

「NIJI 虹 L'arc-en-ciel」

ある留学生・ボクがカメルーンから横浜にやってきた。
カメルーンと日本の研究プロジェクトで、水質の研究にやってきた。
日本ではその年3月11日に東日本大震災が起こり、ボクの家族や友だちは
「日本に行くな」とボクを止めたけど、ボクの意志は固かった。

日本の横浜、街は清潔できれい、生活に便利なものはなんでもあった。

でもなんだか寂しい……何かが足りない……

ある日、横浜国立大学のキャンパスで、１枚の張り紙が目に留まった。

「私たちの家に1泊ホームステイして日本の家族になりませんか?」

ボクはすぐ申し込んだ。


企画のヒッポファミリークラブの歓迎会には、子供から大人まで、
みんなで食べ物飲み物を持ち寄った。

歌ったり踊ったり、何語ででもコミュニケーションするんだ。

その中で、

「カメルーンにはアフリカの歌やダンスあるの?」

と聞いてきたマダムがいたよ。

ボクがダンスの動画を紹介すると、それに合わせて「～オレッラ～オレッラ～」とマダムはいきなり歌いながら踊った。

ボクは心がふるえたんだ。

ホームステイ家族はお父さん、兄妹の三人家族で、日本の家庭で1泊一緒に過ごしたよ。ヒッポファミリーの人々はことばにも心にもバリアがない、アフリカ人みたいで、
カメルーンに帰ったような気がしたんだ。

たった1家族のヒッポのホームステイから、その後、100人以上のいろいろな人と友だちになったんだ。

ボクは結婚して奥さんを日本に呼ぶと、マダム夫妻は日本のパパ・ママになり、ホントに家族のように交流したよ。

息子が生まれてその子に、パパの名前「ハルシ」と命名したんだ。

5年間東海大学で勉強して博士号を取り、日本を離れるとき、パパとママ、ヒッポファミリーの人たちはいつの日か「カメルーンに必ずいくよ」と約束してくれたんだ。

ボクとの出会いから、輪が広がり、
カメルーンと日本に大きな虹が架かったんだよ。


そして、今日、私たちは、ハルシ君やカメルーンの家族に会いに、ここに来ました！

暗い室内にパワポの小さな画面だけが光り、ハルシくんや子どもたちが画面の絵を面白そうに覗き込んだ。一番嬉しそうだったのはメンジさんかもしれない。

夕食は延々と続いたが、私は、まる一日の長旅の疲れがどっと襲ってきて頭が朦朧としてきた。皆で話していることばも分からなくなってきた。これから二週間のアフリカ生活、どうなることだろう

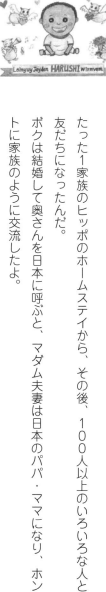

かと不安が押し寄せてきた。

夫と私の部屋は机が1つ、二段ベット—手作りでがっしりとしてサイズは大きい—に蚊帳が設えてあった。隣室はバスルーム。トイレは水洗で、上方にシャワーのホースはあるが温いお湯がちょろちょろ流れる。ありがたいと思い体を洗って、休ませていただく。掛けるものはなく、シーツ1枚が掛布団のようだ。中々寝付けずにいると、上段のベットに誰かがよじ登る音が軋む。それに一人じゃないようだ。どうやらこの部屋はギリアン（奥さんの妹）とシドニー（家事手伝いの親戚）のお部屋で我々に貸してくださったようだ。ありがたい。プライバシーを包むのは薄幕の蚊帳だ。これまたありがたい。

鶏の声で夜が明ける。今日は小学校2校を訪問しヒッポの多言語プログラムを紹介する。赤土の坂を下っていくと保育園から高校までの学校があったが、参加した8歳生徒のクラスは約100人、イギリス式とでもいうのか、黄色と黒のツートンカラー、ベスト、ネクタイなどいで立ちが超イケてる。教室に入ると、手拍子で歓迎の歌の大合唱。ヒッポの世界の歌でゲームやダンス、ソーラン節は大人気で、日本語、中国語など何語ででも生徒たちは聞こえたようにすぐ真似っこした。ここの子どもたちには外国語や外人という区別はないようだ。声は大きく積極的、私のほっぺや胸に顔を寄せる子も。白い歯に笑顔が実に素敵、できるだけ一人一人ギュッと抱きしめた。日本からの10人は2校を訪問し、各100人ずつにヒッポのこと日本のことを、皆全身で伝えた。

土曜日夕方から、ホストファミリーとの交流会を企画した。家族全員子どもたちも集まる。ヒッポや日本を紹介、皆でアフリカンダンス踊りたいね~出発前メンジさんと何度もメールで交信したが、私がイメージした公民館のような会場は、パティオ（中庭）様式、青空吹き抜けのディスコ、プロジェクターはあるがスクリーンはシーツ。アフリカンダンスの為に、本物のミュージッシャンやダンサーチームが登場。お互いに何度も確認したことはすべて実現したが、日本の枠をはるかに超えた新鮮、かつすべてがライブだった。国営テレビのレィディオカメルーン（Crtv）の取材も入り、英語班、フランス語班の2人からインタビュウを受けた。ホストファミリーとの交流会は夜10時過ぎまで続いたが、照明がほとんどない暗闇のパティオでヒッポダンスやアフリカンダンスに大人も子どもも踊り興じ、その中でハルシ君も激しく踊っているのが嬉しかった。カメルーンの人も日本人も入り乱れて、手足、腰、脚を奮わせ笑い踊り続け、もうみんな友だち、そして家族だ。歓喜の交流会で、カメルーンに来たことを心底実感した熱帯夜だった。何人にもハグをしあって、夫々家路に向かう。

私たちは車に乗り込んで、いつものように車輌道路をだいぶ走り、デコボコ道に揺られ、真っ暗なジャングルに突入した。暗闇の中、起伏の多い道なき道をゆっくり進む。冷房はもちろんない車で、前に座っているメンジさんは携帯を持った手を開けた窓にかけ、交流パーティの興奮が冷めやらず「よかったね！　すごーい！」と彼の歓喜の鼓動まで伝わってくるようだった。車がアップそしてダウンしたその時、メンジさんが車のドアを開けバーンと閉めて外に飛び出した。「ボレー――」運転席のリョウさんも飛び出した。ジャングルの闇、車中はママ、幼子2人、日本人2人、私は恐怖に襲われた。闇の中でメンジさんが握っていた文字板が電光で光り携帯電話が狙われたのだ。夫は運転席に移り、私たちはハルシ君やママと抱き合って息もできないようだった。闇の中どれぐらいの時間が経ったのか。いつまでこの緊急の沈黙は続くのか。やがてメンジさんとリョウさんが息せき切って戻ってきた。「ボレーボレー」乱れた呼吸でことばにならない。携帯泥棒に追いつき捕まえ、警察を呼んで突き出し、何とか携帯電話は確保できたとのことだ。カメルーンでも携帯電話は命綱だ。私は恐怖で体の震えが止まらず、メンジさんは交流パーティの歓喜の興奮と、闇ジャングルの携帯泥棒事件の憤怒が混然となって、喉は乾き、声が枯れきってことばが出なかった。

皆無事で、やっと高台の我が家に戻った。家の前に椅子を出し、私たちはメンジさんとビールで乾杯した。「携帯電話ほんとによかった」「交流パーティ、最高だったよ」「毎日凄いね」（といってもヤウンデ3日目だが）「本当にカメルーンに来たよ」と口にしたかどうか……眼下に広がるヤウンデの街、オレンジの光を眺めながら、今宵の天国と地獄のこと、毎日出会う人々に温かく迎えていただいていること、メンジさん家族とハルシ君とここで過ごしている「今」を想うと、一挙に涙がこみあげてきた。

日曜日は正装して教会へ出かける。私たちもメンジさん部族の民族衣装を戴き着用した。民族信仰、キリスト教、イスラム教など、信仰も多様、そしてコミュニティを支えていると感じる。午後からは動物園（裏山の茂みに動物は数匹のよう）と親戚や隣家数軒を訪問。メンジさんは我々に自分が大切にしている家族、友だち全員に会わせたい想いが伝わってくる。

奥さんエディさんの姉妹は地方から6～7時間かけて家にやってきた。居間のソファにゴロゴロ横になりながら、何語で話してもあまり気にもせず、ＫＡＮＪＩトランプなども自然に楽しんだ。

カメルーンは約２５０の民族とその言語があり、数日ホストファミリーと生活しているうちに、各ホストの言語が多様であることに私たちの誰もが気付いた。メンジさんはンゾ族で「ムシャティ（こんにちは）」「アサカ？（元気）」と初めて耳にする音だった。出かける時「アベバ～」と思わず私が真似するとニコッと笑い、「アリガトアリガト」と私の口調で返ってきた。３歳のハルシ君は幼稚園（バイリンガルの英語部）に通っているが、家の中では家族が話しているンズ語、「マミー」（英語）「アトンデ」（フランス語）で、何語という境がない。多様な言語を人間のひとつの言語として感受している。もし夫婦が違う民族だったらどうするのと夫が聞いてみると、メンジさんは「まあフランス語か英語でかなあ」とこともなげに言った。２５０の民族や言語に何時・何処で出会うかの日常で、相手が話すことを分かろう、分かることで理解する世界があるだけかもしれないと思った。

メンジさんと生活を共にして、私の体内にまだ〇〇語という外国語の境があると思い知った。ヒッポの多言語活動とともにフランス語、韓国語、スペイン語など話せるようになったことは嬉しいが、〇〇語が話せると思っていたとは、なんとケチな私！　と。周りの人たち家族が話すことばがあるだけ、自分の嬉しさや考えを相手に伝えたい――言語の違いに境はない――その言語をつくり出している共鳴共振する秩序の人間のことばがあるだけだと実感した。

月曜日、日本大使館へ表敬訪問した。交流に至る経緯やヤウンデでの活動を伝え、ホストファミリーとの交流を話す段になった。「アムガッカ～（ゴマラ語）」「アレー（ババンキ語）」「ムシャティ（ンズ語)」と、誰もがそれぞれホストファミリーのことばで話し始めた。それを聞いて岡村邦夫特命全権大使は「皆さんはカメルーンはもとより出会った人々、家族のことばを大切に交流されましたね。今回の経験を日本でも伝え、これからもカメルーンとの交流を続けてください」と話された。大使のことばは、日本で多言語活動を楽しんでいる私たちが、多言語社会カメルーンにやって来たからこそ結実したことへの激励のように思え、心から感動した。体調を崩していた夫も大使のことばに心が揺れて、「この度は どうしてもアフリカの孫に会いたいとカメルーンにやって参りました」と、振り絞って声を出した。

この夜7時過ぎに国営放送で我々の訪問と交流のニュースが流れた。『多言語活動をしている日本の家族たちが、カメルーンに私たち家族のことばを学びながら交流しにやって来た』という5分の内容に、私は本当に歓喜した。長い時間のインタヴュウの中から、日本の多言語グループが、多民族カメルーンの家族たちとホームステイ交流を楽しみにやってきたことにフォーカスして編集されたことは驚きだった。『日本人が日本文化を伝えて交流』等になりがちだから。メンジさんがテレビ局に情報を流す時も、今回の交流の主旨を情熱をもって伝えていたからだろう。

家の中で、ハルシ君、妹エルサちゃん、ギリアン、シドニーが居間にいるときは、ヒッポナンバーで歌ったり踊ったり。エディさんとチラシ寿司、カレーをつくったり、姉妹と書道や着付けなども楽しんだ。朝も昼も夜も、食事の時はいつもいろんな人がいたね。

ハルシ君は、朝6時頃我らの部屋に入ってきて蚊帳を開けてベットに上がって、「オハヨウ」「アリガト」と小さな声で言った。ギリアンとシドニーは朝早くから家族皆の洗濯物も洗い、夜、水が出なくなると大きなバケツで水を運んで来てくれた。本当にありがとう。ここの生活は生きる力にみなぎっている。携帯事件の闇の恐怖を思いだしながら、この高台の生活で、メンジさんが不在の時、奥さんは、一人で子どもたちの命を守る。赤土の坂を3歳のハルシくんは毎日下り上がりして幼稚園に行く。1年の半分は雨季というが、階段のない赤土の坂を、子どもも婦人も自力で移動するのか。ママはエルサちゃん（4ヵ月）をこの家で授かり下界の病院で出産したが、肉体的心的な負担を想像するだけでも、体が震える。生きる力と知恵は想像を超える。

メンジさんは、日本で博士課程を修了して帰国して就活を始めたが、ヤウンデではフランス語圏と英語圏の社会的確執や、専門を生かす仕事の就職などは難しいようで、なかなか決まらなかった。やっと政府の研究所に決まった……ということで、交流の準備も開始した。今回ステイ中に、ヤウンデ市内のその研究所を見学した。「給料は？」と聞くと2年後から5万円支給されるが、今は無給、奥さんも同様の研究機関にいるがやはり同じ待遇だという。私たち2人は無給の家庭に1週間もお世話になったのだ。2年間生活費はどうするの…と聞くと「親の援助や近所の人々で助けあう」と。給料は2年後から支給されるが、保証があるらしく、家のローンなどは効くようだ。大学を卒業しても職はなく、タクシーやバイクのドライバーをしている友だちが何人もいた。高校生のギリアンに将来はときくと、「医者になりたい」と。メンジさんはこどもは4人か5人は欲しいと言う。みんな未来は明るく、豊かに生きている。ここでは効率を優先せず、食べ物も生活も全く異なったが、いつも人々や家族に包まれる感触は格別だった。

ホストファミリーとの最後の夜、お別れ会では皆が「私たちはヒッポファミリークラブカメルーン」と言い、マダムステラさんは「アフリカ全土にヒッポファミリークラブを創ります！」と宣言した。

1週間前、カメルーン・ヤウンデの空港でホストファミリーに出会い、夫々の家族に連れられて夫々の家に入り、いきなり生活が始まった。思えば観光のような外側を見る要素はひとつもなく、家の中で、学校の中で、交流会で、人に向かい、その視線や表情、ことばを頼りに、アフリカの人々の内側に入り込んで必死で生きた。初めて飛行機を目にしたハルシ君の「airplane」のことばに、どんな光景が刻まれたのか。あの日、日本人たちが到着し、歓声や夫や私の姿がどのように焼き付いているのだろうか。

カメルーンで全身で交流、やり切った感の私たちは「このまま日本に帰りたい」という想いも去来したが、メンジさんらと抱擁を交わしあい、怒涛と感動のカメルーンホームステイに別れを告げた。これが「終わり」ではなく「始まり」なのだと確信しながら。

アフリカ「ことばと人間の旅」トーゴ

トーゴ首都ロメのニャシンベ・エヤデマ空港には、我らの「旺ちゃん」こと辻旺一郎君が満面の笑顔で出迎えてくれた。昨年夏から約半年間、文部科学省の留学でトーゴに滞在している大学生だ。辻君は3年前成人式を迎えた時「このまま大人になるってどうだ？　ことばが全く通じない世界で、生きていけるのか、自分に何ができるのかを試したい」と突然アフリカ行を決意。ヒッポワールドインターンプロジェクト*で、トーゴや西アフリカに8ヵ月滞在した。今回、トーゴで日本をもっと紹介したいという辻君の想いを聞き、トーゴ・パリメ市で「ジャパンフェスティバル」を一緒に実現しよう！と私たちもトーゴ行きを計画し、やってきた。

空港からレンタカーに乗り込むが、道路は舗装され、露天に並んでいる野菜・果物、衣服なども整然と並んでいる。カメルーンのあの混沌、喧噪とは全く違う。「人も車も少ない」「秩序がある」「おしゃれ！　フランスみたい」と口々に歓声をあげた。その日はロメ市民と交流、元官僚のコンベイさんのお宅にカメルーンチーム10名、トーゴチーム5名（後に1名合流）、セネガルから来たちーちゃん、辻君と17名を泊めていただいた。コンベイさんは中国や日本のトーゴ大使館等で活躍されたという。大きな楕円形のテーブルに純白のテーブルセンター、シャンデリアの下での食事は、この1週間のアフリカ生活からは夢かな……と思われた。

翌日辻君が滞在しているパリメ市に向かった。ドイツ統治時代に作られたという舗装道路が北へ200キロ真っ直ぐに続く。

一行はオラース家（辻君のホストファミリー）とヴィラに分宿することになったが、一週間まえに成田から直接パリメに入ったトゴトゴメンバーはここでの生活にすっかり馴染んでいて、率先して案内してくれた。長屋のような家屋に私たちを含めて10家族余りが共同生活するのは何だか楽しい。ここでも掛布団はなく、夜は寒く敷かれているシーツを剥がして体に巻きつけてみたりした。

＊ヒッポワールドインターンプロジェクト：希望する世界各地でインターンとして働くボランティア体験プログラム

一夜明けて、子どもの声が賑やかに聞こえてきた。私たちの部屋は保育園の一角になっていることに気づいた。先生らしい方に挨拶して、ヒッポを30分させていただくことになり、朝から園庭で青空ヒッポ～何が始まったかと立ち尽くす子、リズム感ばっちりで踊りだす子、いいね！　子どもたちに魅せられて私たち大人は無心に踊った。

辻君の手配で一人ずつ1泊ホームステイも実現した。私は職業訓練校校長のサムソンさんファミリーにお世話になった。

お父さんの職場でジャパンフェスティバル・ファッションショウの練習に付き合い、夕方お父さんの運転で、ベティとホストファミリー関係のクリスティーナさんと、ホームステイ先に向かう。市街地から遥か離れて、山また山を越えるととっぷり陽は暮れた。途中でベティを降ろし、到着したところは門の中に集落があるような佇まいだった。建物の中央に茅葺屋根の食事処があった。クリスティーナさんが部屋やトイレの場所など案内し、食事の準備もしてくれた。1泊ホームステイ情報の調査表には、お母さんと子どもが三人、お父さんはサムソンさんまではあったが、クリスティーナさんは誰？だろう。しかし彼女はサムソンさんのことを「パパ」と呼んでいた。どこまでが家族で、誰が誰だか、線を引かないのがアフリカ流のよう。真っ暗な中で、ドイツからの研修生サラさんとクリスティーナさんとフフとアクメを戴く。

朝になって家の全貌がたち現われた。手造りのかまどで一から火を起こす。クリスティーナさんは井戸に釣瓶を落とし水汲みをしていた。わたしもとトライしたが思いのほか井戸は深く水を含んだ釣瓶はとても重かった。小さな子どもたちも早朝からは掃き掃除をするなど実によく働く。お父さんが朝食にやってきて、辻君が初めてトーゴにやって来た頃のことなど聞いた。「彼は全くフランス語が話せなかったんだ」と。そして辻君の成長を誰よりも応援したと。お父さんはドイツやアメリカに住んだこともあり、職業訓練校の経営やドイツなどから1年の研修生を毎年10人ぐらい受けているという。ヒッポで辻君は、トーゴについて沢山伝えてくれ、トーゴファンが増大しているので、お父さんと私で、日本の青年（何歳ぐらいの～と聞くと18歳～45歳くらいと。日本では60代70代もバリバリなので～と言いたかったが）をヒッポから直接送るのはどうだろうと提案した。「お父さんと私で世界を創るのはどうですか」と、「世界」が多言語でディザインされているマグネットをわたし、固い握手を交わした。最後に写真を撮りたいと私がカメラを向けると、「世界を手にするトーゴのマサコのパパは、服も買えず裸なんだ！」と言い、大笑いになった。彼は朝シャワー直後のようで、上半身裸だった。お父さんは日本語もすぐ真似し、何度も「スゴーイ！　GREAT！」を口にし、お別れした。

辻君は今回パリメで初めて16人の1泊ホームステイのホストファミリーを探した。まずは友だちに頼み、その友だちからも探してもらうなど。紹介してもらった家を訪問もした。通常アフリカではハプニングがつきものだが、ホームステイの1泊のこの夜だけは、辻君は「何事もなく、皆無事に帰ってきてくれ」と祈り続け、眠れなかったという。

宿舎に戻ると、1泊ホームステイからみんな続々生還！　夫々の体験は実にリアル、抱腹絶倒で今でもその話は尽きない。

辻君の活躍は今やパリメでは有名で、我々日本人が町を歩くと「オーチャン！」と声がかかった。市役所の一角に「日本祭り La fête du Japon」の横断幕が飾られていたが、自分たちでも宣伝しようと、ちんどん屋で街を練り歩くことになった。赤道直下、昼下がりでも気温は40度近い。ユカタに三味線、小型スピーカー、鳴り物を手に、町行く人、オートバイで走っている人、お店の人に声をかけ、フランス語や英語、パリメについてから覚えたエヴェ語で誘った。

日本出発前に、夫々自分がやりたいことを出し合い、食材、料理・野球道具など備品はすべて自前で現地に運んだ。催事には食事がつきものと、カレー作りのため個々にルウも持参した。

祭りの朝、400人分の料理に取りかかった。市場から運んだ人参、ジャガイモ、ズッキーニ、玉葱、ニンニクを流れ作業でバケツで洗い、小型ナイフで切るが切れない。肉は塊を裁いて柑橘果物で消毒し、何度も水で洗い、これまたナイフで切るが中々切れない。七輪に炭から火を起こし巨大な鍋で野菜や肉を炒め、水を入れて煮るが一向に沸騰する気配もない。ご飯も炊くというが間に合うのか。

2017年12月3日午後2時パリメ市役所ホールにて、ほぼ定刻に日本祭りが開幕！　私たちが多言語で自己紹介～現地のエヴェ語の挨拶にドッと歓声が沸く。観客を巻き込んで世界の歌やダンスの後、日本文化紹介を各コーナーで開始、どこも大人気だ。圧巻はファッションショウだ。辻君が支援した職業訓練校の学生たちにモデルになってもらった。日本の留袖や振袖など伝統の部、羽織とトーゴの布のロングスカートなどのコラボ、子どもたちの部など約40組がヘアメイクや着付けして登場すると、会場は歓声とアフリカンドラムビートの嵐！　モデルさんたちは次第に得意顔になり、観客は仲間の麗姿に拍手喝采だ。チラシ配りからマラカス屋やオートバイのお兄さんもいた。やがて総立ちになって踊り出しアフリカとジャポンが渦になって溶け合った。

カレーライスやクレープに人々が群がり大パニックもあったがパリメ市民との日本祭りが遂に実現した。初め実現不可能と思うことでも口に出すとやってみようかと仲間ができる。一人で見る夢は夢のままだが皆で見る夢は現実になる。ゼロからここまで一緒に創りあげた日本からの仲間の勇姿にも心が震えた。

２０１７年12月6日、私たちは成田空港に無事帰国。出発時の合いことばは「生きて還るぞ」だっだが、未知の世界への旅立ちは実は不安も沢山あった。治安はどうか、病気になったら、パスポートを無くしたら………。現地の人々を、一緒に行く仲間を信じて、出発した。

アフリカまでの飛行時間は長く、日本からの距離も遠かったが、２週間の体験を経て、カメルーンとトーゴは、私たち自身の中に息づき、私たちの生き方、未来になった。

アフリカ「ことばと人間の旅」多言語の冒険

ヒッポファミリークラブは、１９８１年に日本でスタートした多言語の実践活動だ。カメルーンやトーゴには及ばないが21の言語が家庭や職場に快く聞こえてくる環境をつくり出し、定例で家族や仲間が集って、様々な言語で交流する。赤ちゃんが母語を獲得していくプロセスを大人も子どもも一緒に楽しむ。ヒッポ〝ファミリー〟で育んでいるのは「人間のことば」だ。人類がことばを獲得してきた時間・空間を遡るかのように、多言語の混沌の中で歌い踊りながら、聞こえる音の全体を丸ごと真似（創造）して取り込んでいく。そのうち、何語という淵が溶けだし、どんな人、どんな言語との出会いも楽になってくる。各々が自分のそんな体験を通じて、どんな言語でも言語の特徴の差異は次第に小さくなり、外的違いのほうではなく内側から人間のことばは創り出されている、もとは人間としての言語はひとつだ……という感覚が育っていく。今交流の大学生、主婦、シニアは、ヒッポファミリークラブでそんな活動を楽しんでいる普通の人たちだが、カメルーンやトーゴに行ってみたいという意気込みだけで手を挙げた。

想えば我が人生、まさかアフリカの大地を踏む日がくるとは一年前まで予想だにしていなかった。「行きたいね」「行こうか」……行くと決めてからも時間がかかった。全国のヒッポクラブに呼びかけ、カメトゴ交流に10名が申し込み、かねてからトーゴ交流に心を寄せていた6名が合流し、計16名が、夫々各地のヒッポファミリーで準備を始めた。夫と毎日話し合いながら、皆の参加の想いをお互いにシェアしたいねと「YOUは何しにカメトゴへ？」を書いてもらった。

私は何しにカメトゴへ？

まずは遥かなアフリカに行ってみたい。メンジさん家族が生まれて住んでいるところで、一緒に生活してみたい。ハルシ君と一緒に歌ったり踊ったりしたい。「ヒッポの日常～多言語で歌ったり踊ったり」するチャンスがあれば嬉しいが、そんな場が約束されているわけではないので、ホストファミリーの家でも、公園（あるかな）、ストリートでも踊っちゃうかな……でも「ヒッポ」をやる……というのは多言語の日常活動をやる……ということだけではなく、文化・生活、国や民族を超えて、どんな人とでも響きあう喜びに出会いたいのだ。アフリカの人々はもちろんだけど、今回一緒に行く15人の仲間とも心底出会いたい。そして、内なる自分にも新しく出会いたい。73歳の夫と67歳の私がアフリカに行く。

私は青森県八戸市に生まれた。祖父は農機具を製作、父は祖父亡き後農業機械店を営み、祖母、父母、4人姉妹、従業者も一緒に生活する大家族で私は育った。母は働き者で笑顔や明るい声で大家族を切り盛りしていた。当時旅館やホテルはなく、東京、埼玉、仙台等から営業に来る人々は、皆我が家に宿泊した。仕事が一段落すると母の手料理で宴会になる。私たち4人姉妹も呼ばれてお土産をいただくのが本当に嬉しかった。人が集まるところにはいつもことばが飛び交っていた。家族や隣人、友だちの間では南部弁、出張での客人の東京弁、仙台弁、母の故郷の福島弁、時々青森や弘前方面の津軽弁など。そして私たち子どもは、多世代の多様な人々にいつも守られて育った、と今は想う。

上京して学生生活が始まると、青森出身のことばにコンプレックスが始まり、外国語を学ぶとそのコンプレックスは2乗にも3乗にもなった。時代は学生運動の嵐の中で自分の主義・主張をいつも求められ、どんどん内向しことばを失っていった。大学は閉鎖され学業もままならないまま卒業、その後2ヵ月ヨーロッパを漂い、帰国して朝日新聞で仕事を探すと、言語教育団体に採用された。

多言語活動提唱者・榊原陽は、人間なら生まれ育つ環境の言語を、誰でも難なく自然に話せるようになることに着目し、言語を自然科学として捉え、「ことばと人間を自然科学する」研究部門・トランスナショナルカレッジ オブ レックスと、多言語で自然習得する実践部門・ヒッポファミリークラブを開始した。多様な言語が聞こえてくる環境をつくり、家族や仲間でことばを見つけ育てあう。人間の内側にある「言語を司る仕組み」を活き活きと豊かにしていこうと、多言語で大航海が始まった。「英語ひとつでも大変なのに複数言語を一度に習得などできるはずがない」「大人は赤ちゃんにはなれない」「先生がいない？ 誰が教えるんですか」、多言語活動に嵐のない日はなかったが、今は確信する。赤ちゃんが生まれ育つ環境のことばを自然に獲得していくプロセスで、周りに温かい人々の声や眼差しに囲まれてことばは育まれる、そしてどんな人間にも寄りそい、対話したくなる人間になれると。ことばは誰かから教えてもらうのではなく、生得的な機能を豊かに発現させながら、自分の内なる感情や思考を伝えるために、生きるためにことばを獲得するのだと。

多言語が共存する社会は、異なる言語や人に壁をつくらず、相手に近寄り、手を伸べあって共に生きていく人間本来の在り方だ。カメルーンやトーゴで「見た・聞いた・触った」ことは「境のない温もり」だった。そこに、日本にある効率や便利さを優先するものはほとんど無かったけれど、「生きる」を皆で「つくる」があった。いつも家族や親戚、隣人共にご飯を食べ、子どもも老人も、複数の手で世話をする。家の扉は鍵をかけずオープンだ。家族や知人が共同で住む長屋生活に、今回交流に参加した一人暮らしの大学生や女子らは、みんなで食事するのが嬉しかったと涙ぐんだ。今の日本では失われている「温もり」や「共に生きる」のすべてがあった。私の八戸の大家族のようでもあり、日本全体も助け合ってここまできたのだった。

日本では東日本大震災から7年、新しい共同住宅マンションが完成し、仮設住宅が閉鎖されて、お年寄りたちが移り住む。生活は便利になるものの厚い壁や扉の中に待っているのは「孤独」だ。被災地のことだけではなく、私たちのことだ。お年寄りとは私たちのことだ。

高層マンションや瀟洒な住宅地域建設に「待った」は言えないし、英語に加熱する日本の教育に「多言語のほうが自然！」の声はいまだに届かないが、多言語育ちの心と体、そして境のない温かいことばで、出会った人の話を受け止め、その人のことばで話し、繋がって、私ができることで社会や世界で助け合っていきたい。多言語活動は「境のない温もり」という人間の「ことばとこころ」に向かう活動なのだ。

横浜で出会ったメンジさんは、夫と私に何を見たのだろうか。

メンジさんが私たちの在り方・生き方を見つけてくれ、生まれた息子さんに夫の名前「ハルシ」を命名してくださった時、私たちの人生にとってもこころ震える事件であり、2人で抱き合って涙を流した。内側深く湧き起こる喜びや衝動から、カメルーンが現れた。また辻旺一郎さんが、「死ぬ気で生きるってどうだ」と単身未知の世界に飛び込み、体あたりで周りの人々の言語を獲得していった赤児のような振る舞いに心を揺さぶられたことから、トーゴが近づいてきた。私の内に湧き起こった感動から隔たりや境が溶けて、アフリカに飛び立った。

カメルーン、トーゴで出会った人々の瞳の輝き、笑顔は最高だった。

そして、日本の多言語コミュニティ育ちの16人の仲間たちも凄かった。

初めて出逢うホストファミリーと抱き合って、その家族に突入！

一秒先も予想不可能、想像力、創造力、いつも全開だ。

不慣れな生活では、眼や耳を開き、頭をつかい、体をつかい、口を動かした。

よく行動し、
よく食べ（昆虫も蛇も）

よく歌い、踊り（実に踊った！）

よく笑い
そして、誰とでも、何（語）でも話した。

こんな多言語仲間に、アフリカのみんなが目を見張った。みんなが寄ってきていつの間にか笑いあっている。アフリカの人々とヒッポ人のハートとハートが、ビューンと飛び出してがっちり結合する！　そんな熱さかな。

ヒッポファミリークラブ多言語仲間のカメルーン×トーゴ交流は、人間とことばの可能性を無限に見つけようする旅だった。カメトゴ交流から全く新しい地平が洋々と広がっている。

外国人はいない。

外国語は無い。

楽園の名残り

ハルさん

小出 治史

profile：シニア野球プレイングマネージャー　ピッチャー
出身・在住地：静岡県浜松市天竜区・神奈川県川崎市中原区
好きなこと：スポーツ特に野球　映画　藝術　舞踏　歴史
なぜカメトゴに？：カメルーンに誕生した命が孫になったため。
カメトゴに行って変わったところ：地球上の人の営みはすべて同じということ
ヒッポファミリークラブ：神奈川県横浜市・なみなみファミリー所属

メンジ君とハルシくん

アフリカの大地に生まれた一つの命に、図らずも、私の名が採用された。彼の名はLeinyuy Jayden Harushi Wirmvemという。この第3項目のHarushiが私の名前なのだ。通常、新しい命を名付ける時、ミドルネームには、聖人、恩人、又は何か偉大な事績を残した偉人、多くの財を築き上げたりした成功者の名を借りるものである。私のような名もなく貧しく、ただ無駄に齢を重ねた老人の名は、一顧だにされないものだ。にも拘わらず、何故か彼の親たちはあえて私の名ハルシを息子につけ、呼び名もハルくんとしている。この非常識な事態は、私にとって身に余る光栄というべき程のことである。けれども、常識人の普通民である私としては体中がこそばゆく、「何故に？」という感が襲ってきたことも確かだった。

　ハルくんの父親はMengnjio★P257 Jude Wirmvemという。（我々はうまく発音できないのでメンジと呼ばせていただくことにした。現地ではジッドと呼ばれていたが）彼は２０１１年大震災の直後に来日した水質研究を専門とするカメルーンの青年である。彼が日本で研究活動をすることになったのには以下のような背景がある。１９８４年と１９８６年にカメルーンの西北部にある、ヌマーン湖及びニオス湖という火山湖に近接した地域で、前者は約40名、後者は約１８００名の死者、数千頭の家畜が死亡するという原因不明の事故が発生した。一時は化学兵器が使用されたのではないかと疑われたりもしたが、火山湖の底に溜まっていた火山性ガス（炭酸ガス）が何らかの原因で噴出し、空気より重いガスが山肌をつたって、麓の谷合の集落を襲い、窒息死に至ったという前代未聞の悲劇だったことが分かった。事故直後、いち早くその調査研究に援助協力したのが日本の政府、学者だった。その火山学、地質学の研究者が富山大学と東海大学に在職していて、現在も研究を続行している。現地の若手研究者、技術者を育てる目的もあって、その一人にメンジ君が選抜され、東海大学に派遣されたのだった。そしてドクターの資格も取り、日本学術振興会の海外特別研究員にもなり、都合5年間日本に滞在した。その彼が初めて来日した際、横浜国立大学で日本語の研修を受けているとき〝日本家庭に1泊ホームステイ〟プログラムに参加して、ヒッポファミリークラブとの交流が生まれた。私たちも彼の人柄が気に入って、ヒッポの活動に誘ったり、私の家に招いたりして交流は深まった。彼はこの5年の間に結婚、奥さんのエディさんも来日し、そして最初の子供ハルくんに恵まれた。私たちは頻繁とは言えないけれども、会うたびに親交を深めていった。日本滞在中の彼の生活、仕事については深く知るところではないが、ただヒッポメンバーとの交流や私の家の中での様子は、十分にリラックスした姿があって、彼自身が我々との交流に安心し満足していたようにも見えた。しかし、それにしても私の名前がまさか、最初の子供にあてられるとは思ってもみなかった。あまりに大胆に思う。以後約3年、私はずっとそのことが気になって孫のようなハルくんに会いたいという気持ちになった。彼らの国に行って、彼らに会えば納得できる答えが得られるかもしれない。それが今回のカメルーン・トーゴ家族交流に繋がったのだった。

成田を出発したのが夜10時過ぎ、香港に立ち寄って、それから10数時間、機外はずっと暗闇で、いわば夜を追いかけているような感じがあった。が、ふと気付くと暗黒の中にオレンジ色の光がその横一線に走ったかと思うと、忽ちその線が膨らんでオレンジ、黄色から青色へのグラデーションの帯となって拡がった。アディスアベバにあと一時間というところの位置であったが、水平線に突然顕われたこの光の帯が私たちのアフリカ体験の始まりとなったのである。暗黒に突如出現した日昇の前触れである光の帯に、仲間のかつての乙女たちの嬌声が上がり、それが「さあ、アフリカ大陸だ」という合図になった。

さて、飛行機はエチオピア航空なのでアディスアベバにてトランジット、一行15名のうちトーゴ直行組と分かれ、残りの10名でカメルーンに向かう機に乗り換えたのだった。アディスアベバからアフリカ大陸の上空飛行になったら、今度はいつ夜が来るのだろうかと思えるほどに、強い光に代わり、昼においかけられているように明るさが全く衰えないのである。この機もガボンのリーブルヴィルに降りたが、そこはまさに赤道直下、11月下旬というのに光の強さが機内で待つ我々のところにも届いてくる。そうして最後の飛行、北へ1時間余、やっと目的地のカメルーン・ヤウンデ空港に到着したのは成田を出てからほぼ24時間、まるまる1日分を要したのだった。

多言語社会の言語観

カメルーンは二百数十の言語を持つ国と聞いている。私たちは出発前に現地の基本的な言葉を覚え、向こうの方々に、いきなり、その言葉を投げかけたらきっと、驚きかつ喜んでもらえると思い、メンジ君に現地語を教えてくれ、とメールでリクエストした。だが、すぐ返ってくると思っていた返信がなかなかこない。1週間程経ってようやく返ってきたメールは、縦軸にホストファミリー名、横軸に基本語数個の一覧表であった。よく見ると、アルファベットで書かれている語句がホストごとに異なっているのだ。同じ街に住む、いわゆるご近所さんの10軒のホスト家族が夫々の言語を持っているとは！　この表を見ただけで私は衝撃と共に、自分がいかに思い込みに満ちていたかを知った。二百数十の言語があると聞いていながら、その状況を全く想像していなかった。カメルーンの首都であるヤウンデという地域に、共通の当地語がないなんて全く思いもしなかったからである。またさらに家族内においては部族語を話し、その他では公用語のフランス語か英語を使うということも事前学習していた。一民族、一言語というのが日本の常識（思い込み）だがカメルーンのような状態は一体どんな世界なのだろう。公用語に民族語がなく英・仏の二つの言語というのは植民地時代の名残りであろう。民族の言葉には文字がないため、公用語となりえなかったのか？　それにしても、21世紀の今日まで他の地域ではけっして見られない、二百数十もの多くの言語が残るとはどういうことであろうか。対立する隣同士の集団は必ず、あるときに至ると均衡が破れ、一方の支配になる。経済権益だけでなく言語も奪われ、民族と共に消し去られるか、かろうじて残るも、辺境に追いやられるのというのが人間の歴史ではないか？　消えた民族、言語は数知れないだろう。消えないまでもそれまで自由に駆け巡ってきた大地のその片隅に追いやられている先住民、少数民族といわれている人たちは数多い。カメルーンにおいては少なくともそうした争いが多くは無かったといえるのではないか。多様性がそのまま混然一体となって、整理されていない状態ともいえる。

　メンジ一家はＮＳＯ《ンゾ》と呼ばれるグループだという。私はいくつかの問を彼に投げかけた。

「ンゾはどのくらいのグループなのか」

「およそ50万人」

「結婚はグループ同士に限られるのか？」

「そんなことはない」

「それでは、異なるグループのカップルの場合、家庭内ではどちらの言葉を使うのか？」

男性の方の言葉なのか、女性の方の言葉なのか、または何らかのルールがあるのではないかという、これも又、思い込みで聞くと、

「英語かフランス語」こちらが拍子抜けするぐらいにあっさり応える。

　考えてみれば、コミュニケーションは両者が互いに了解できる言語を使うのが当たり前、それが文字通り共通語なのだろう。文字を持つ英語、フランス語は公用語として彼らの日常な中にあるのだからそれが当然なのかもしれない。では、英語、フランス語、それに彼らそれぞれの民族語の使い分けはどうしているのだろう。

　メンジ君の家の中の様子はこんな風だ。我々がステイしていた時、メンジ君の奥さんエディの姉妹二人が遠路はるばるメンジ家を訪ねてきていた。我々に会いに来てくれたのか、ほかの用事があって

訪ねてきたかは定かでないけれども、エディ姉妹もメンジ君と同じＮＳＯグループなので、彼らが家の中で話していた言葉は多分彼らの民族語であろう。また近隣の家庭を訪問した時、又彼らが訪ねてきたとき話されていたのはフランス語と思われる。しかし、ハルくんに向かっては英語もフランス語もなげかけている様子なので明確に区分されて話しているとは思われない。それらのことから、類推するに、彼らは何語とか殆ど考えていないようなのだ。まず通用することが優先する。言語と言語の境がない。つまり、英語であろうが仏語であろうが民族語であろうが区分意識がなく、何事かを伝えられる音をさぐり、口にしているに過ぎないのではないか。今現在、分かっていることから始める、ヒッポファミリークラブの言葉に対する姿勢が似ているようだ。

音声言語「音学」と文字言語「文学」

言語には、聞く・話す・読む・書く、という4要素がある。公教育の国語とか英語の科目の成績表にも、各要素で点数化され、その合算で、科目全体の評価とされる。いや、試験は読み書き能力のみを判定することに偏重しており、聞く・話す能力は無視されているといってよいほどである。日本では昔から、勉強することを「読み・書き・そろばん」というけれど、「聞く・話す」という会話能力、コミニュケーション力を得るための学習も、読み書きの座学からはいるのだ。辞書をひいて、発音を確認して、意味を覚え、それから音にする。困ったことに、そういう手順で進まないと勉強したことにならないのである。長年の習性で、会話学習も全く同じ手順で行う。そして挫折する。私も旧人類なので人生半分を過ぎるまで、外国語と聞くだけで身構え、恐れをなしてしまう。恥ずかしながら告白すると、学校で数年間英語の勉強をし、その上、英会話、仏会話学習に2、3度挑戦したことがあるが、決まって、テキストの同じあたりで頑張り切れず、3ヵ月ほどで挫折し、なんの成果も得られなかった。ところが、ヒッポファミリーの多言語活動に参加して、言語観が変わり、何々語という意識が薄められ、初めて接する音にも怖さを感じなくなったのだ。今、分からなくてもいずれは必ず分かるという楽観を得ることになった。超多言語人間とも言うべきアフリカの人たちを見ていると、そのしなやかな言語観を改めて認識することが出来た。

考えてみれば一口に「言語」と言ってみても「話す・聞く」と「読む・書く」は全く別物ではないかと思えてくる。身体的で生命現象そのものといってもよい聴覚分野の前者、社会的で文化的現象の視覚分野の後者。人類の誕生とほぼ同時にスタートした音声言語は数百万年の歴史と進化の上に成り立っている。多分、絵文字から始まった文字言語は数万年の歴史しかなく、はっきり文字といえるものは数千年の歴史しかなく、人の支配・被支配に必要な、宗教的戒律、政治的法律の為に進化した。(侵略・支配の先兵は常に宗教と言語である)。それぞれが独自の要請によって進化し、歴史の深さ、時間、空間が異なるのだから全く別物なのだ。そこで、言語に関する学問、教育も、両者を次のように分けることを考えたらどうだろうか。国語、英語、仏語などと国言語別にしないで、言語全体を、音声言語は「音学」文字言語は「文学」とする。学校教育の教科も「音学」「文学」とに分け、独自にそれに見合った新しいカリキュラムを設定する。つまり聴覚に関する学問と、視覚に関する学問とに明確に分ける。会話コミニュケーションには文字学習はまずは必要ない。世界を見れば文字の無い言語の方がはるかに多いのだから。

楽園の名残り

アフリカから戻ってしばらくの間、アフリカの何かに触れたようで、ほぼ毎日「アフリカ熱」という病に罹ったかのように、その大地やメンジ君一家をはじめとして、そこで出会った人々のことが脳裏に浮かんでは去り、去っては浮かんで止まらない時期があった。それが最近、一つのイメージとして固まってきたものがある。

――10万年以上前、アフリカの東方、エチオピア高原あたりから、新天地を求めて西方に移動する勇敢なグループがあった。その一団が乾いた大地を必死の思いで踏み超え、生き残った僅かなメンバーがようやく水と生き物のにおいがする緑の草地を発見した。それをさらに突き進むと、青々とした広大なジャングル地帯に到達した。鬱蒼とした草木に分け入ると湧き出る泉を発見、乾き切った喉をうるおす。辺りを見れば、手を延ばすと容易に届くところに食べられそうな果実が実っている。木の上を見遣ると木の実もたっぷりついている。地に落ちた木の実を集めようとした時見つけた白っぽい柔らかな木の根のようなものを口に含んでみると、それもまた食料になりそうだった。耳を澄ますと生き物の声、鳥の羽ばたく音もする。そうして熱帯の豊かなジャングル地帯を生活拠点とする人々が誕生した。彼らを包む豊かな水と豊饒な森は彼らを繁栄させ、10世代も経過する子孫の世代になると、数百数千の人口を擁することになって、切り拓いてきたその地は、数千の人口を養うには手狭になってきた。そこで、若く勇敢で仲間想いのカップル数組と子供たちが新しい土地を求めて移住することになった。彼らはジャングルを何十日も歩いて故郷に似て、豊かな地域を見つけて定住した。また10数世代経過した。豊な水と森は彼らを数百数千のグループに成長させた。そして、再び若いカップルと子供たちが新しい土地を目指すことになった。こうしたことが繰り返されて、大西洋、ギニア湾に沿う赤道直下の4千キロにわたる、ジャングルベルトに数百、数千のグループが成立していった。生き物の生存に要する条件に、何の不足もない豊饒な熱帯の森は、独立したグループが他のグループとの頻繁な交易、交流を促すこともなく、したがって争いも必要としなかった。その孤立した環境が、やがて彼らの言葉や習俗を独自に進化させることになった。豊さはグループ相互に侵略、奪い合いの緊張を招くことがなく、対等で尊重し合うグループ相互の関係を作っていった。また、集団内の個人や家族の間に壁も作らずに心穏やかで助け合い、支え合う、平らな人間関係のコミュニティーを育てた。そうして、これらの地域に数えきれないほどの「平和の楽園」が成立した。

永い永い年月が経過した。今から数百年前、この「楽園」に最初の白い人が辿りついた。白い人が住んでいる寒く、痩せた土地とは全く異なって豊かな産物がある。白い人の大地の乏しい実りだけでは大勢の人間を養っていけない。彼らは必要に駆られ、土地の拡大を目指した。時には他人の物を直接奪取した。それらは彼らに農耕の技術進化を促したばかりでなく、闘い、奪う技術の発展をももたらした。それによって富を溜め込むこと、他を侵すことも本能化した。白い人たちが、平和の楽園に目をつけ、侵略をはじめ、産物だけでなく、人々をも連れ去り、その上、さらに欲望の心を持ち込み、植え付けた。そして楽園は破壊された——?

カメルーンには二百数十の民族と言葉があり、日本列島よりは少し大きい面積に2千数百万の人口というから、1グループあたりざっと10万人、面積割にすると日本の各県ごとに、おおよそ5グループが共存している勘定になる。そんな狭い範囲に異なる言語、異なる文化の環境がこの21世紀まで維持されているのはなぜだろう? 無論、各グループの栄枯盛衰はあった。私は、前述したような物語が浮かんできて少し腑に落ちた。彼らの先祖たちは長い間、ずっと、森の恵みによってまさに「楽園」を享受していた。今回の交流で出会った人たちは皆、優しく誠実で、彼らの仲間に対するのと同じように、不足もなく過剰でもない態度で私たちに接してくれた。また言葉に対する姿勢も、彼らは自分のグループ以外の言葉に対して、何語とか、異国語と言う肩肘張った意識がなく、単に「事柄、事象」の言い方の一つというような平らで気軽な捉え方をしているように見えた。また彼らは文字を持たなかったのが幸いしたのかもしれない。人間は文字を考案した以後、言語の営みの相当部分を文字言語に乗っ取られ、変質されてしまった。文字を持つ言語であったなら、楽園の侵略者に音の言葉も一緒に消されたかもしれない。そう、彼らはいわば「楽園の時代」にそれぞれが独自に育んだ言葉と感覚を血肉化し、今に残しているのではないか。

精神のリレー

アフリカから帰って3ヵ月ほどたったころ、たまたまテレビを見ていると、日本最初の高層ビル、霞が関ビル、新宿副都心地区のビル設計をした池田武邦氏の番組があった。彼は、オフィスを彼自身が設計した、新宿のビルの50階に構えた。日本において、初期の高層建築で、強度は無論、居住性などにおいても当時の最高技術で綿密な配慮をされた建築物である。ある冬の日、一日の業務を終え、一階の建物玄関をでた途端、思いがけず、外は吹雪であった。ところが、氏は風と雪に曝されながらも、安らぎのような感覚を抱いた、というのだ。私はこのとき、カメルーンやトーゴで感じたやはり安らぎというような感覚を想い出した。膨大な物に囲まれた生活、ボタンを触るだけで用が足りる基礎的インフラ、便利さでは圧倒的に日本が優れている。アフリカにはそれが大いに足りないが、私には不足感が全く生まれなかった。ゆったりした心地よい感覚に浸っていた。池田氏が吹雪の外気に触れた時、襲われた感覚と同じではないか。高層ビルの外部の方に人間の幸せがある。日本の日常より、アフリカの生活空間の方がより人間の心に近いのではないか？　50階のオフィスは人の居住する最適環境とされる温度、湿度にコントロールされている。密閉空間だが居住性の研究に抜かりはないはず。なのに、過酷環境である吹雪の外気の方が安らぐとは！　氏の建築思想を大きく変えることになったこの体験は、人間が自然の中で生きてきたことを示している。春夏秋冬、朝昼晩、この移ろいには温度、湿度は勿論、一定の揺らぎがある。最適温度、湿度という定常な人工空間とは違うのだ。生物はすべて、地球環境の揺れ幅の中で進化、適応を見せてきた。人類も自然の中に生まれ、生き残ってきたのに、自然と闘っている。私がアフリカの彼らのことを考える度に屡々、涙腺が緩んでくるのを覚えるのは、子供の頃のテレビも冷蔵庫も洗濯機も無い生活を呼び起こして、ノスタルジックな気分に陥ったばかりではなく、彼らの裡の素朴で無垢な、いわば「楽園の名残り」の多言語世界を見たからなのだと思う。

榊原陽さんが英語教育から始めて、自然習得、そして多言語環境を取り込んできた。その過程で見えてきた人間像は、本来人間が持っている能力を信頼し、言語の多様性を知ることが、人間や社会の多様性を認めることにつながる。人為的二元論によって敵味方の対立をあおることなく、榊原さんのメッセージである「自然に」に沿って、融和、共生の道筋が好いと思う。言語の壁があるのではない。初めて出会う言語は、当初、霧・靄状態にあるだけのことである。破壊に膨大なエネルギーを必要とする硬質な石、鉄、コンクリートでできている壁などとは異なって、霧・靄状態は、いずれは必ず自然に、晴れ上がるのだ。異なる言語を「壁」とみるか、「霧・靄」とみるかは、他人・他国への見方、接し方に大きく影響するだろう。多言語社会の環境を背景に生きてきたメンジ君は、ヒッポファミリーの中に、彼の体内にある共鳴する空気を発見して、異国に住む者の張り詰めた心を緩めた。そして、ヒッポファミリークラブに対するメッセージとして、ヒッポメンバーの中のたまたま長老の一人である私の名前を息子の名にしたに違いない。それにしても、ハルくんの未来が我らのような強制された消費が軸になっているかのような市場経済社会ではなく、自然と調和した柔らかな社会が維持されることを祈られずにいられない。

唄いたくなる情動
抱きしめたい衝動
歓喜の慟哭
精神のリレー

★ Dr.Mengnjo Jude Wirmvem（メンジ）

２０１１年４月来日、東海大学大場武研究室にて地質学、火山湖の水質研究などに従事。

２０１４年、博士号取得、日本学術振興会特別研究員として更に２年滞在、

２０１６年10月帰国。この５年間、折に触れてヒッポファミリークラブ、および拙宅にも数回ホームステイなどして交流。

4　カメルーン・トーゴに寄せて

誰ひとり知り合いのいない国、しかし街を歩けばだれかが笑顔で話しかけてくれた。日本で感じたことのない人と人との繋がり大切さを知る。

旺ちゃん

辻 旺一郎 ＊トーゴ交流現地コーディネーター

profile：関西大学 社会学部 4 年生
出身・在住地：滋賀県守山市
好きなこと：散歩　旅
なぜカメトゴに？：トーゴの魅力をもっと伝えたいと思ったから。
カメトゴに行って変わったところ：自分の当たり前とトーゴの当たり前の違いが面白い、それが魅力だと発見した。
ヒッポファミリークラブ：滋賀県草津市・amical ファミリー／近江八幡市・とっぺんファミリー所属

2015年4月、二十歳の時「誰もやっていないことがしたい」と思い1度目のトーゴへ渡航しました。誰ひとりとして知り合いはおらず、一切言葉もわからないままの出発でした。今思えば若気の至りだったと思います（今も十分若いですが）。現地での生活にはもちろん苦しみました。言葉が分からない上、衣食住の文化が日本とは全く違い、目の前で起こることが理解できませんでした。何を食べているかわからない、なぜ知らない人が話しかけてくるのかわからない、なぜ待ち合わせ時間に遅れてきても謝らないのか分からないと、自分の許容範囲では捉えきれなかったことばかりだったのを覚えています。到着して2日でホームシックにもなり「なんでトーゴに来たのだろう。早く日本に帰りたい」そんな風に考える毎日でした。しかし、日本の家族、友人に「アフリカに8ヵ月行ってくるわ」と大口たたいて日本を発っていました。「このまま帰ってはカッコ悪すぎる、体裁のために耐えよう」と自分の気持ちに反しながら、嫌々トーゴに踏みとどまっていました。しかしこの強がりのおかげでトーゴを好きになることができました。

誰ひとりとして知り合いがいなかった私ですが、街を歩けば誰かが話しかけてくれました。「元気？」「どこから来たの？」「トーゴで何しているの？」「両親は元気？」「今日から俺たち兄弟だ」知らない人なのに、名前も知らないのに、ただ道ですれ違っただけなのに、挨拶をして相手を気にかけて友達になるトーゴ人の魅力を感じました。この人たちの中に飛び込めたから、誰ひとり知り合いがいなかったにも関わらず、孤独を感じずに生活できたのだと思いました。日本で感じたことのなかった〝人と人との繋がり〟の大切さを教えてもらい、また羨ましくも思って1度目のトーゴから帰国しました。

2017年8月、「トーゴ人になりたい」そんな思いを持って2度目のトーゴへ渡航しました。

今回のトーゴ生活は、ジャパンフェスティバルの開催やフォトスタジオの運営、野球のコーチなどすることが盛りだくさんで、日本以上に忙しい日々を送っていました。すると、忙しさから周りが見えなくなって常に急ぎ足で、道行く人と会話もせず道を歩いていました。毎日のやらなければいけないことに追われ、それが顔にも出ていたのだと思います。それに気づくトーゴ人はやっぱり声をかけてくれて、「顔に元気ないよ」「ご飯食べてる？」「しっかり休まないとだめだよ」と励ましてくれて、元気づけてくれました。そこでようやく、自分が何のためにトーゴにもう一度来たのか思いだしました。誰とでも挨拶をするトーゴ人、一度挨拶をすると兄弟になるトーゴ人、困っている人がいるとすぐに手を差し伸べるトーゴ人、そんなトーゴ人になりたかったのだと。今回もやっぱりトーゴ人に助けてもらい教えてもらってしまいました。


そんなトーゴ滞在のある日、トーゴの友人が僕に言いました。

「僕が子供だった頃は道で人に挨拶しなかったら、その辺の人たちにこっぴどく怒られたんだ。でも今は怒られなくなったよ」

日本で生まれ育った僕からすれば、トーゴの人たちは誰とでも挨拶して、他人にとっても興味があって、人情深いと感じますが、トーゴの人からすればそれも変わってきているそうです。たしかにこの2度目のトーゴ滞在ではスマホを持つ人をたくさん見かけました。街の雰囲気も変わっていました。トーゴもこれからどんどん変わっていくのだろうと感じました。
だから〝今〟のトーゴを伝えたい。
そして少しでもトーゴに興味を持ってくれる人がいたら嬉しいと思います。
私はこれからもトーゴと関わっていくと思います。

『これがトーゴだ。』

「誰もやっていないことをしたい」と20歳の青年はトーゴへ一人向かった。誰ひとり知る人のいない町、言葉も話せない心細いぼくに出会う人々は笑顔で声を掛けてくれた。日本では経験することのなかった優しい人々。
ぼくは自然にシャッターを切っていた。そこには優しさと思いやりのあるトーゴの魅力がいっぱい詰まっていた。

●辻旺一郎／文・写真
●株式会社グラディア／発行

トーゴ大使から本書に寄せて

M. Afognon Kouakou SEDAMINOU
Chargé d'Affaires a.i
Ambassade du la République du Togo
au Japon

PARTONS A DE NOUVELLES RENCONTRES ET DECOUVERTES AU TOGO ET DANS D'AUTRES PAYS AFRICAINS

C'est avec beaucoup de plaisir que j'écris ces mots, dans cette publication du groupe « HYPPO Familly », qui fait découvrir les charmes de mon pays le Togo, « Le Sourire de l'Afrique ».

Comme l'a dit l'auteur Ibn BATTUTA, "Voyager vous laisse d'abord sans voix, avant de vous transformer en conteur."

Dans cette publication, les membres de « HYPPO Familly »s'illustrent en de véritables conteurs, des griots, racontant et partageant leurs expériences vécues au Togo à travers des photos, des témoignages et des récits du quotidien.

En se déplaçant au Togo, ils ont rencontré du monde, ils ont découvert une nouvelle culture, une nouvelle façon de vivre. Ils se sont donnés le temps de la rencontre et de l'échange. C'est pourquoi ils décrivent avec beaucoup d'aisance la richesse et la diversité culturelle, la chaleur de l'accueil des populations locales et abordent avec beaucoup de joie leur séjour au Togo.

Ils ont lu plusieurs pages du livre Togo en s'y rendant personnellement. Comme de bons Japonais, ils ont su écouter et comprendre ; ils ont vu, ils ont aimé et ils ont immortalisé.

Je reste convaincu qu'ils sauront et continueront de promouvoir la destination Togo.

Mesdames et Messieurs, Chers lecteurs,

A travers cette publication, vous découvrirez et apprendrez-vous aussi, à mieux connaître mon pays le Togo, vous permettant ainsi de renforcer et de développer la compréhension mutuelle, les échanges sur les plans culturels, touristiques et de bonnes pratiques entre le Togo et le Japon, constituant ainsi une occasion de découverte pour le public japonais.

Si selon l'auteur Giacomo Casanova «L'homme qui veut s'instruire doit lire d'abord, et puis voyager pour rectifier ce qu'il a appris», après la lecture de cette publication, je vous invite à visiter le Togo « l'or de l'humanité » et des pays d'Afrique, pour y vivre votre expérience personnelle et léguer l'héritage de vos expériences aux autres générations.

J'exprime pour terminer ma reconnaissance au groupe « HYPPO familly » pour cette initiative.

アフリカ
未知への旅立ちで新しい出遭いを
── 本書に寄せて ──

アフォニョン　クアク　セダミヌ
在日本　トーゴ共和国大使館　臨時代理大使

《アフリカのほほえみ》と称される我が国トーゴの溢れる魅力を発見していただいた《ヒッポファミリー》交流グループのこの本に、私がことばを寄せさせていただくことは、誠に喜びに堪えません。

作家イブン・バットゥータ Ibn BATTUTA のことばのように、《多くを聞く前に、何より、旅をすることはあなたを語り手に変身させる》のです。

この本の中で、《ヒッポファミリー》の交流メンバーは、トーゴで生活する人々と日常生活を生き、体験者となり、それを写真に切り撮り、トーゴで彼らが活き活きと生きた体験を、いろいろな人々に分け伝えながら、真実の語り手として、詩人として、トーゴを沢山の方々に伝え続けております。

トーゴに身を置いて、彼らは、未知の世界に出遭い、新しい生活・文化や新しい生き方を発見したのです。彼らはそのような出遭いと交流の時を与えられたのです。何故ならば、彼らは、豊かで多様な生活様式、その地の人々の温かなもてなしを、心から嬉しく感受し、トーゴでの日々を積極的に楽しまれたからです。

交流メンバー皆さんは、夫々がトーゴに赴いて、「トーゴという本」のページを読んだのです。素晴らしい日本人として、彼らは何にでも耳を傾け、理解を深めました。彼らは眼を開き、心を開いて愛したのです。そしてそのことをいつまでも伝え続けているのです。

彼らはトーゴへと人々を誘うよう、発信し続けていくと、私は確信しております。

Mesdames et Messieurs　親愛なる読者の皆さま、

この本を通じて、皆さまご自身も、私の国トーゴについて、更に発見し、学んでいただき、日本の皆さまが、このような発見のチャンスをつくりながら、日本とトーゴの間でお互いの、文化的、観光的、友好的な絆をますます強くして、発展させていただきたいと願っております。

作家ジャコモ・カサノヴァ Giacomo CASANOVA によれば《自ら学ぶことを欲する人はまず本を読み、そして自分が学んだことを確かめるために旅立たなければなりません》と。この本を読まれたら、あなたがぜひトーゴに旅立たれ、そして次はあなたご自身が体験されたことを、いろいろな世代の方に伝えていただけますように、私はあなたを《輝く人間性》の国トーゴへ、そしてアフリカへの旅立ちをお誘いいたします。

終わりに、《ヒッポファミリー》交流グループのこのパイオニア魂に心からの感謝を表します。

2019 年 9 月 10 日

Merci beaucoup à l'ambassade du Togo au Japon pour son support et tous ses encouragements.

出発前 トーゴ大使表敬訪問
2017 年 11 月 8 日

「C'est Togo！」Special Workshop
2019 年 5 月 15 日 （一財）言語交流研究所

TICAD7・アフリカ開発会議
横浜開催連携事業
「わくわくアフリカ×多言語で
つながろう！フェスタ 」
2019 年 8 月 4 日
横浜ワールドポーターズ トーゴブース

Loves from Cameroon

HIPPO FAMILY ; One heart, One people, One world forever

＊カメルーン交流現地コーディネーター

Dr. Mengnjo Jude WIRMVEM (Menji)

The first homestay exchange in Cameroon
Research Officer, Institute of Geological And Mining Research
Vice President, Cameroon Academy of Young Scientists

I arrived Japan in early April 2011 just after the March 2011 Earthquake. While studying the Japanese Language at the Yokohama National University, I was presented with an application form from HIPPO Family Club for a homestay. My application was successful and I had the opportunity to visit a Japanese Family and experience HIPPO activities for the first time. It was all fun as I met unique and kind Japanese, both young and old including Masako-san, Harushi-san, Akiko-san, The Shimada Family, etc. Their love for me changed my life in Japan ; I felt at home in their company. I became a member of HIPPO and would take part in HIPPO activities. The coordinator of HIPPO activities, Masako Kamitomai and her husband Harushi Koide were very kind to me and would invite me to stay at their home. They even gave me a room in their apartment where I stayed each time I visited. I was so happy.

I later on got married to Kongnso Edith who later joined me in Japan from Cameroon. The HIPPO family gave her a warm welcome party and many gifts upon arrival in Japan. We were so happy with such an expression of love from people far away from our home in Cameroon. My wife later put to birth a baby boy whom we named after Harushi Koide as Leinyuy Jayden Harushi Wirmvem. Harushi Koide is/was a kind and humble father. Naming our son after Harushi-san was a symbol of our appreciation for the love and care from his family, HIPPO Family Club members and Japan. It was our own way of saying thank you to Japan.

After I returned to Cameroon in October 2016, I kept in touch with HIPPO through Mme Masako Kamitomai, who was organising a visit to Cameroon by some HIPPO members. By God's grace, 10 HIPPO members visited Cameroon for a one week homestay. It was a dream come true for me. The host families in Cameroon were filled with so much joy hosting one or two guests from Japan. Together, we all enjoyed several activities during their visit.

My next dream is to create a HIPPO Family Club in Cameroon in collaboration with the host families and in the near future organise a HIPPO Cameroon visit to Japan.

Thank you. Merci beaucoup, Beri wo.

My First Homestay Night my Hippo Family

With Papa Harushi in Shinmaruko

Harushi-chan: Merci Japon !
(He is a symbol of our appreciation)

Dinner Chez Haru/Masako with Hippo Family Club Members:
Explaining why we named our first son after Papa Harushi

At Nsimalen to welcome Japanese Hippo Members to Cameroon

First encounter:Mama, Papa Haru and Haru-chan

With Menji family and friends to go to church

During Homestay to Cameroon: Chez Menji

My family with 3 children Oct.2019

During Cameroon homestay: DREAM COME TRUE

Voices from Host Families

Kanla Emmanuel Family

avec Nanako Iketani et Noriko Nakagawa.

I have been working with Japanese since 2015. In July 2016 I visited Japan for a training course by JICA. On one weekend my friend Dr. Wirmvem Jude asked me to accompany him to the birthday ceremony of Mama Masako in Shin-Yokohama. We had a wonderful time together and I got to know Masako and her husband Mr Harushi. There I equally came into contact with NANAKO IKETANI known as “Julie.” Little did I know that this was the beginning of a strong relationship that would lead to many interesting things. During that short moment these people talked to me about the Hippo Family and their ideology. In early August I returned to Cameroon and maintained communication with Masako and her husband Haru. In September 2017, Dr Wirmvem informed my family that the Hippo Family Club was planning to visit Cameroon. Because of the experience I had with these people and the good contact they maintained with me, I quickly opted to be a host family though I was far off the capital city, Yaoundé, where most of the host families were located. Since I had known “Julie” in Japan, we opted to receive her in our home. She was first of all received by our friend Mr. ABE in Yaoundé for two days before traveling to Dschang, our town of residence. Julie came with her close friend NORIKO NAKAGAWA.

In Dschang we had a wonderful time together. Our visitors could speak a bit of English and French. We resorted to sign language when we could not understand each other. They learned and could speak some words and phrases in our dialects. We equally learned and could utter a few words in Japanese. We and our children were excited about this visit. We cooked and shared the same meals. Our family friends equally came and greeted our visitors. We equally visited some of them in their homes. Our guests taught our children how to make some objects using pieces of papers (origami).

We equally attended church service together. The church congregation was so happy. Our visitors sang and worshipped with us. After service they sang, taught and played with the children. It was so amazing as many of the children had not yet had any close contact with people of another colour.

We equally visited some palaces so that our visitors could have a clue to our culture. As such we went to the Foto and Foreke palaces where we could see the Bamileke architecture, objects of arts and the lineage of the various traditional rulers. It was an exciting moment. From this visit we could understand that Japanese are simple, polite and loving people always ready to share their joy and have a lot of concern for the well-being of others.

I hope to visit Japan for a home stay with my family through Hippo Family Cameroon that we are working to create.

*　　*　　*

Chenwi Wilfred Awambeng Family

host family of Yoko Kitayama

We had a nice time with our guest, in fact she is that lady who loves people. She will stop at no point to greet even people she doesn't know. She enjoyed eating with everybody in the house at the same time. She was very inquisitive which I do appreciate, very active, at her age she could sit on her knees for some time. Another good aspect of her is that she loved playing with children to the extent that the time she was leaving my kids were crying, what actually touches me was when she took her time to find out what we do for a living. To cut a long story short she is a good person. My family misses her.

Guemuh Geoffrey

host family of Fukiko Tanigaki

Greetings to all. Our guest was Tanigaki Fukiko. We had a wonderful time with her. She spoke very little English but will stop at nothing to ask questions even if it means asking in Japanese. She was so inquisitive and ready to learn. She loved children and taught them how to make objects out of paper (origami). The only difficulty I had with her was that she ate very little food. This kept me worried and I hardly could sleep well because I would be thinking of what to cook the next day that she would like. This kept me so worried but I finally realised that it was just her style. This is because a day before her departure, she cooked Japanese sauce and rice but still ate very little food. She was so selective that I bought her material to stitch dresses for her family but she told me she did not like it. So I had to take her to the shopping centre to look for a dress for her. Notwithstanding, we had a wonderful time together. We miss her so much.

Thank you	Good	Love	Peace	Hello/Greeting
Beri wo	Bong	Kong	Nyaang	msha tih
Kwasi	Bong		Fifi	
Beri wo	Bong	Kong	Nyaang	
Beri weh	Yeni	Kongni	Chumunyang	meh chahni
G ping	Apoung	Nkʔng	Mboungne	
Meya		Akongneh		
Kezong/Kezongkeukou	Njung	Kong	Mbuameh	wou hier
Miya	Abong	Nkongneuh	Mbonwi	
Abou Ngang	Mbeng	Eding	Mvai	Ma sug
M'aga	La'am	Ngwes	Nsang	Meyega
Muya	Abong	ikonih	ihboune	ngebah

Nkeleh Nkecho Stela

host family of Noriko Nakagawa

The homestay with Noriko san was very amazing. She could adapt easily to any type food and friends we met. She was very friendly anxious to learn different languages and very inquisitive. She could eat all the types of meals I presented to her. We visited a few friends and she observed how they were living. She visited a nearby secondary school and taught Japanese ways of greetings and appreciation. She gave presents to my family and friends she came across. She presented to my family and friends the traditional green tea party. It was very interesting, though I had the experience in Japan before. To conclude her short stay in my family was as if we had known ourselves before. She told us she had twins, hence in my venicular she is 'manyi' , implying twin mother.

■ Cameroon Host families' languages

Host Family (HF)	Local Langauge	Good morning	How are you
Mengnjo Jude Wirmvem	Nso	Yiran nia	Adze leh
Wilson Fantong	Yamba		Awan neh
Emmanuel Kanla	Nso	Yiran nia	Adze leh
Jiti Abe	Limbum(Nkambe)	I ra weh a	Weh sah ke
Brice Tchakam Kamtchueng	Bamelike	Oziyulaa	Amgaka
Ndifor Collins Asaache	Nkwen	Njuelah	Abela
Geoffery Nsofon Guemuh	Babanki	Tie li nelie	Odu ia leh
Wilfred Awambeng Chenwi	Bafut	A beh fu	Abela
Sylvestre Alain Belinga	Ewondo	Bembe kiri	Youne Mvai
Sylvestre Alain Belinga	Bassa	Meyega	
Nkeleh Nkecho Stelas	Bambili	Abihgnwa	muyahgu

カメルーン大使からの贈り物

S.E.Dr. Pierre NDZENGUE, Ambassadeur
Ambassade de la République
du Cameroun au Japon
特命全権大使　ピェール ゼンゲ閣下
在日本　カメルーン共和国大使館

Les Cœurs Chaleureux du Cameroun

ある日のこと、ある村で、川の側を通りかかると、小さな女の子がたった一人で、衣服（キュロット）を洗っていました。あたりには誰もおらず、私のことばは通じているのかどうか（言語が違うので）だったが、４歳というその子はママは教会に行ったのだといいます。そして洗濯を続けていたので、私は石鹸を買ってあげました。あとで，そのお祖母さんともその子のことを話しました。カメルーンではどこの幼子でも、村のみんなが助けたり守ったりして育てるのは当たり前のことと思っています。幼児誘拐などはありえないことです。

あなたの孫「ハルシ」も、カメルーンと日本のみんなに愛されて成長するのです。

また老人たちも、一日のうち、今日はあの人に会ってないな～と思うと、家を訪ねて、トントンと戸をたたき、「どうだ～、変わりないか～」と声をかけるのです。カメルーンには、コンビニエンスストアも自販機もありません。市場では生きている鶏を買います。

日本では、人々は孤立して生き、孤独です。犬を飼い、きれいに毛をトリマーした犬を抱きかかえて、老人が一人散歩をする姿は本当に悲しいです。

今回あなた方は、カメルーンの人々の家の中に入って、家族や仲間たちと一緒に生き～ Vivre la vie ～ホームステイを通じて、カメルーンが誇りにしている「人間としての在り方」を見つけてきてくださったのです。そのことを、心から嬉しく思います。

あなた方は本当のカメルーン交流大使です。次は Village に行ってみてください。皆さんが体験してきたことを、沢山の方々に伝えてください。そして、これからもカメルーンとの「人間的な交流」をぜひ続けていってください。

2018 年２月７日　カメルーンパイオニア交流報告　大使表敬訪問時談話より

多言語人間とは、
すべてのことばに開かれた心なのだ。
心を開くことで新しい世界を取り込み、
新しい自分を創り出すのである。

榊原　陽
多言語活動創始者

Profile

さかきばら　よう　1930年10月2日福島生まれ。

1963年東京言語研究所創立。以来世界的言語学者ローマン・ヤコブソン博士の知遇を得て、同博士をはじめノーム・チョムスキー博士など、内外の著名な言語学者を招待し、国際言語講演会・セミナーを開催。

1981年言語交流研究所創設。同研究所の多言語活動実践部門「ヒッポファミリークラブ」で家族や仲間で取り組む多言語で自然習得する環境づくりと国際交流活動を推進。

1984年Transnational College of LEX（トラカレ）を開講、学長。同カレッジの研究より、「人麻呂の暗号」「古事記の暗号」（新潮社）他、「フーリエの冒険」「量子力学の冒険」「ＤＮＡの冒険」（Transnational College of LEX刊）など出版。

著書「ことばを歌え！こどもたち」（筑摩書房1985年）、「Language Is Our Music : The Natural Way to Multilingualism」（LRF 2013年）、「ことばはボクらの音楽だ！ ーマルティリンガル習得プログラムー」（明治書院 2013年）。

2015年5月25日東京にて逝去。

人間なら誰でもことばを話せるようになる。これこそが人間の定義だろう。それをどう行っているのか、それを記述することばを見つけること、これがことばの科学だ。とすると赤ちゃんの内側で、ことばが如何に生成されてゆくのか。それを明らかにすることが「ことばを自然科学する」ということの本質だろう。そうは解っても、これがことばで言うほど簡単なことではない。大人がもう一度赤ちゃんに生まれかわることはできないからだ。

その頃、相次いでケニアのＪさんと、ザンビアのＭさんがトラカレにやってきた。二人とも、とても達者に日本語を話している。つまり、日本人のような日本語を話しているということだ。それからが驚きだ。Ｊさんは2カ月前、Ｍさんは4カ月前に日本にやってきたばかりだという。二人とも来日前に、一度も日本語を聞いたこともないという。もちろん、日本語学校に通ったこともない。だから、二人とも字は全く読めない。「学校ではことばはできるようになりまセーン」という。思わず、感嘆して「ことばの天才！」と叫びそうになった。それに二人とも実に人なつっこいというか、開放的で、はじめて会ったのに、皆とあっという間に友達になっている。

彼らと話しながら、だんだん彼らの「ことばの天才」の中身が、私たちにも解ってきた。アフリカには千以上のことばがあるという。だから、いつ一度も聞いたこともないことばを話す人と遭遇するか、それは彼らには日常的なことだ。だから、どんな新しく聞くことばを話す人とも何とか通じ合おうとする。そうしないと、生きてもいけない。通じ合おうとすれば、何とでも通じ合えるというのだ。待てよ、それこそがことばではないか。誰かが「あっ、赤ちゃんだ」と叫んだ。

大人も赤ちゃんになろう。ヒッポの実践活動を通じて、少しずつ赤ちゃんが見えてきた。あることが確実に見えてきた。それは、ことばが嘘でなく生き生きと働く場では、大人も赤ちゃんになれるということだった。人間のことばの営みの本質は、赤ちゃんも大人も何ひとつ変わらない。

多言語活動とは、ことばの数のことではない。ことばについての理解の仕方の、決定的な転換だったのである。ことばもレッキとした生きもののようである。

1995年3月
『DNAの冒険 ―ことばと人間を自然科学する―』はじめにより

あとがき

カメルーン留学生のメンジさんは、日本滞在中に横浜のヒッポファミリークラブに参加すると、多言語で歌ったり踊ったりワイワイ話す普段の活動を動画に収めていた。特にソーラン節のかけ声やアクションになると、「いいですねぇ」とカメルーンの息子ハルシ君が一緒に踊る姿を夢みているようだった。いつの日か、私たちのカメルーンに行きたい――は、メンジさんやハルシ君たちとヒッポファミリークラブの活動を一緒にしたい――ことだった。折しも多言語活動発足35周年の機で、オリジナル交流募集最終日に、カメルーンホームステイ企画をエントリー、２０１６年9月30日のことだった。

ヒッポファミリークラブのホームステイプログラムの主旨は「家族の一員になる」交流だ。

事前に自己・家族紹介、交流で何をしたい等の調査表を提出し、ホストファミリーになる方の情報をいただき、お土産や一緒にしたいことを準備して出発。現地で対面式の後、夫々の家族との生活がいきなり始まる。メンジさんにカメルーン側で日本人を約一週間ホームステイさせていただくファミリーは何家族ぐらい可能かを聞き、ホストファミリーの「家族の一員」としてカメルーンの日常生活を体験したい――この主旨を何度も確認した。民泊やＢ＆Ｂのように、泊めていただく為に金銭は払わない。人間と人間として出会う交流だ。

カメルーンヤウンデでの初日、私と夫は、すでに旧知のメンジさんとの再会でホームステイが始まったが、ジャングルを抜けて赤土の高台の家に着き、誰が誰だかわからない人々に囲まれ、暗い居間で静かに食事が始まった時、名状し難い不安に襲われた。一行の8人はどこにいるか、どうしているか。トーゴチームはどうだ。私は夫と同居だが、皆はそれぞれたった一人で異空間の空気に立ち向かっている——離れてホームステイにいる皆と、何かとてつもない連帯感が生まれ、「よし!」が私の中に湧き起ってきた。自分の中にあるものを総動員して、自分がやるしかないが、皆が頑張ってると思うと、目の前が明るくなってきた。

カメルーン、そしてトーゴでの16人の体験、帰国後各ヒッポファミリークラブを周り、報告ワークショップ等も開催したが、話は尽きない。人の話を聞いて自分の体験がことばになって生まれる。聞いてくれる人の分、体験が湧き上がる。話し続けることで、カメトゴ交流メンバーは生きる力や情熱が高まり、辻旺一郎さんと山川華奈さん、トーゴ・パリメで出逢ったマティアスさんとちいちゃん(藤澤千尋さん)がご結婚、2家族ともお子さん誕生という嬉しいリアルライフが始まった。今交流メンバー関根寿美子さんの娘有生莉さん(大学生)はお母さんのアフリカ体験を聞くうち、ヒッポワールドインターンシップで6週間トーゴへ渡った。

カメトゴ交流メンバー皆がお互いに影響しあい助けあって、これからも、一人一人が多言語で生きる新しい人生と世界を実現していきたい。

『(月刊) モルゲン新聞』(遊行社) から「多様性に学ぶ」のテーマでアフリカ体験の寄稿依頼をいただいたご縁から、編集部の本間千枝子さんにカメルーン・トーゴの話をしているうち、「ぜひ本にしましょう。10代~70代の方がアフリカにホームステイするというのも聞いたことがないし、アフリカはまだまだ遠いですから」と貴重な機会をいただいた。各自が体験したことを赤裸々に書いてみようと、普通の学生たち、おばさん・おじさんたちだが、多言語コミュニティ・ヒッポファミリークラブで活動している仲間たちが、見つけていることを書き続けた。

私たちが見つけたカメルーンやトーゴ、そしてアフリカの文化や生活、人々の在り方と生きる力に、また私たちのチャレンジに、皆さまの光を与えていただければ光栄です。

このカメルーン×トーゴパイオニア家族交流の実現にあたって、在日本カメルーン大使ピェールゼンゲさま、在カメルーン日本大使岡村邦夫さま、在日本トーゴ大使A・クアク セダミヌさまより、深いお言葉をいただきまして誠にありがとうございました。

また、大宮エリーさんの芸術作品〈情熱／純真／混沌／多様／魂〉とお言葉で、『愛しのカメルーン×トーゴ』を包んでいただきまして、本当にありがとうございます。

一般財団法人言語交流研究所本部と国際部、全国のヒッポファミリークラブ、遊行社の皆さまのご支援にも、心から感謝申し上げます。

創造のふるさとは未来に！　アフリカに！

２０１９年10月2日　　上斗米　正子

TICAD7 アフリカ開発会議横浜開催 連携事業
「わくわくアフリカ×多言語でつながろう！フェスタ」
主催　一般財団法人言語交流研究所 ヒッポファミリークラブ
2019 年 8 月 4 日　於・横浜ワールドポーターズ

Road to Cameroon×Togo

年	月日	場所	内容/トピックス
2016年	9.30	東京・ヒッポ本部	ヒッポファミリークラブ35周年記念オリジナル企画交流にエントリー
2017年	2.15	横浜・岩崎学園	講演会「これがトーゴだ。」講師旺ちゃん(まりんしゃ主催)
	2.16	横浜開港記念館	講演会「これがトーゴだ。」講師旺ちゃん(中区フェロウ主催)
		本牧地区センター	講演会「これがトーゴだ。」講師旺ちゃん(神奈川区フェロウ主催)
	7.10	東京・ヒッポ本部	アフリカの夜明けパイオニア交流企画<マラウイ,カメルーン&トーゴ>発表
	7.15〜16	滋賀・高島市	びわ湖合宿にてトットがカメトゴ交流参加表明、後にふっきーなも交流参加決意
	7.28	東京・ヒッポ本部	文科省「トビタテ留学JAPAN」出発前の旺ちゃんと交流志願メンバーミーティング。 カメトゴ交流&トーゴでのジャパンフェスティバル実現を決める
	8.1	成田	旺ちゃん2度目のトーゴへ出発
	8.5	カメルーン	メンジさん第2子(長女)Elsa-Graceちゃん誕生
	8.10	ヒッポ本部及び各地ヒッポ	カメトゴ交流募集締切、調査表、予防注射他各自準備開始
	9.4	東京・ヒッポ本部	カメトゴ交流準備ミーティング(関西メンバースカイプ参加)
	9.26	東京・渋谷	渋谷ぴんぴこぴんファミリー(いいちゃん所属)/準備ファミリー
	10.18	東京・渋谷	カメトゴ交流オリジナルTシャツ&カメトゴの旗/作成 はんな
	10.24	東京・世田谷区	カメルーン大使館大使表敬訪問(ハルさん,じゅりえ,まみ,ベティ,まりんしゃ)
	10.24	東京・経堂	オッティモファミリー(かーめん所属)/準備ファミリー
	10.26	東京・都立大学	もっちんファミリー(ちかどん・はんな所属)/準備ファミリー
	10.27	埼玉・久喜	ロープ☆ロープファミリー(みらべる主宰)/準備ファミリー
	10.31	東京・大田区	東急ぷかんちファミリー(まみ主宰)/準備ファミリー
	11.8	東京・目黒区	トーゴ大使館大使表敬訪問(ちかどん,いいちゃん,ベティ,みらべる,じゅりえ他)
	11.12	東京・ヒッポ本部	家族交流ワークショップ(WS)に参加、カメトゴパイオニア交流いってきます宣言!
	11.15	横浜	横浜なみなみファミリー(まりんしゃ主宰)/準備ファミリー
	11.22	成田	成田空港よりカメトゴ出発 20:10エチオピア航空ET673/旅行会社(株)道祖神
	12.4	トーゴ	トーゴ・ロメ発　13:00　ET509　エチオピア・アディスアベバ着 21:35 ホテル泊
	12.5	エチオピア	交流シェアリング　アディスアベバ発　22:25
	12.6	成田	成田空港着　19:05　ただいま!!
	12.9	東京・大田矢口区民センター	「東急地域カメトゴ報告会(持ち寄り付き)」(まみ主宰)
	12.11	東京・オリンピックセンター	「スザンヌちゃん(MIT スザンヌ・フリン教授)来日準備WS」でカメトゴチーム報告
	12.18	大阪・ヒッポ関西本部	カメルーン&トーゴWS(じゅりえ,みらべる,ふぅ,ふっきーな,はな,トット,ヤマちゃん)
	12.19	東京・目黒区	トーゴ大使館大使交流報告表敬訪問(ちかどん,いいちゃん,まみ,じゅりえ,みらべる他)
	12.23	川崎市・東海道かわさき宿 交流会館	横北・ちゃおぺんようクリスマス会でカメトゴ交流報告
	12.25	東京・オリンピックセンター	「全員集合WS」でカメトゴチーム報告、メインスピーカー ちかどん
	12.28	東京・渋谷	いいちゃん宅にてカメトゴ報告会
2018年	1.7~8	静岡・御殿場	富士山合宿参加　カメトゴ部屋主催(ベティ,じゅりえ,まみ,まりんしゃ)
	1.20	東京・多摩	ベティ宅持ち寄り報告会&聖蹟桜ヶ丘ソレイユファミリー
	1.24	東京・ヒッポ本部	かーめんとZOOM感想シェア
	1.28	東京・墨田リバーサイド	本部家族交流WSにてカメトゴ報告
	2.5／3.7	全国	モルゲン新聞「アフリカ『ことばと人間』の旅」(上)(下)掲載/まりんしゃ記
	2.7	東京・世田谷区	カメルーン大使館大使交流報告表敬訪問（ハルさん,まりんしゃ,ベティ,まみ, みらべる, じゅりえ,かーめん）
	2.9	成田	旺ちゃん　日本へ帰国　お帰りなさい！
	2.17	東京・多摩	ソレイユファミリー(ベティ主宰) /報告ファミリー
	2.25	横浜・フクシア	わくわく&ドキドキ「これがカメ・トゴだ！」WS/カメルーン大使館スタッフ・ 東海大学院生、トーゴ家族も参加
	2.25	大阪	関西合宿打ち合わせ（ふう,ふっきーな,やまちゃん)
	2.28	東京・大田	東急ぷかんちファミリー(まみ主宰)にて「カメトゴの話をする会」
	3.18〜19	大阪・長居ユースホステル	カメトゴ関西合宿（カメトゴ交流参加メンバー全員集合＋ぽのぽの)
	3.19	大阪・ヒッポ関西本部	カメトゴ交流WS
	3.25	新潟	アフリカWS(吉田ソフィア主宰)/講師 ベティ
	3.27~4.1	東京・恵比寿	CHO(ちかどん×はんな×旺ちゃん) トーゴ展　弘重ギャラリーにて

Pas à pas avec le Cameroun×le Togo

年	月日	場所	内容/トピックス
2018年	4.20	埼玉・久喜ふれあいセンター	女(ひと)と男(ひと)いきいきネットワーク久喜総会記念講演 「初めてのアフリカ～カメルー ンとトーゴの出会いからの拡がり～」講師 みらべる
	4.27	東京・目黒パーシモンホール	トーゴ大使館独立記念日祝賀会（はな,ちかどん,いいちゃん,平岡由布・本部国際部他）
	5.29	東京・大田矢口区民センター	アフリカンウィークWS「抱腹絶倒！カメトゴLIFE♪」講師 ふう（まみ主催）
	5.30	横浜・フクシア、岩崎学園	講演会「笑って泣いて！カメトゴホームステイ！」講師 ふう(まりんしゃ主催)
	5.31	東京・日野 万願寺交流センター	WS「笑って泣いて！カメルーン＆トーゴホームステイ！」講師 ふう(福田カバコ主催)
	6.1	埼玉・久喜	WS久喜ロープ☆ロープファミリー/講師 ふう(みらべる主催)
	6.1	東京・大田区民プラザ	アフリカンウィークWS「“ちゃんと”ってなんだろう？」講師 ちかどん(まみ主催)
	6.2	東京・大田区御園神社	アフリカンウィーク WS「無茶苦茶だけどあたたかい」講師 旺ちゃん（まみ主催）
	6.3	東京・大田区矢口区民センター	アフリカンウィークWS「本物の多言語人間ってあったかい」講師 まみ(まみ主催)
	6.4	東京・大田区矢口区民センター	アフリカンウィーク WS「若返った♡７０歳のアフリカ」講師 ベティ(まみ主催)
	6.16	東京・立川	WS立川ニチボニチボファミリー/講師 ベティ(加藤かとK主催)
	7.4	東京・聖蹟桜ヶ丘	アフリカデイ「“ちゃんと”ってなんだろう？」講師 ちかどん(川上さあや主催)
	7.17	兵庫・尼崎	尼崎つかしんよっぺファミリー(ヤマちゃん所属) カメトゴ報告/みらべる,ヤマちゃん
	7.18	兵庫・宝塚	ヤマちゃん宅にてカメトゴ報告会/ふう,ふっきーな,はな,みらべる,ヤマちゃん
	7.29	埼玉・久喜	久喜合同WS～アフリカの風を感じよう＠多言語で世界につながろうプロジェクト　(埼玉東・久喜主催)
	8.20.	東京・大田区池上会館	本部世界フェロウWS「カメトゴで見つけた自然！」ソフモアスピーカー みらべる
	9.4	東京・渋谷	アフリカ報告会/ベティ,かーめん,いいちゃん,ちかどん(石田ひーちゃん主催)
	9.20	神奈川県	東海大学カメルーン留学生ミンバさん博士取得卒業式/まりんしゃ,じゅりえ,アマーニ
	9.20	神奈川・川崎市中原区民会館	ソニードスファミリー親子で参加できる多言語WS/スピーカー みらべる(小林ヨーコ主催)
	11.2	大阪・箕面文化交流センター	「まりんしゃとスペシャルファミリー」WS(北摂地域主催)
	11.3	兵庫・神戸六甲道勤労市民センター	「まりんしゃとスペシャルファミリー」WS(神戸地域有志)
	11.4	兵庫・神戸　御影公会堂	「まりんしゃとスペシャルファミリー」WS(神戸地域有志) 「英語はモチロン！多言語が楽しい」講演会 講師まりんしゃ,ハルさん(福田ふぅ主催) 「まりんしゃとスペシャルファミリー」WS(神戸地域有志)
	11.17	神奈川・川崎市教育会館	ランジャファミリーWS/スピーカー みらべる
	11.24	埼玉・さいたま市	埼玉中央地域合同講演会「これがトーゴだ！」講師 旺ちゃん
	12.18	東京・文京区民センター	童夢ファミリーWS/スピーカー みらべる(津田マイミー主催)
2019年	1.7	カメルーン	メンジさん第3子（次女）Elyn-Claireちゃん誕生
	1.13~14	静岡・御殿場	富士山合宿（ふっきーな,かーめん,まみ,じゅりえ,まりんしゃ,ベティ）
	1.30	東京・板橋区成増アクトホール	ニコちゃんファミリーWS/スピーカー みらべる(大塚なっちゃん主催)
	2.2.	埼玉・男女参画推進センター	With YouさいたまフェスティバルWS/スピーカー みらべる(西田ミナ主催)
	2.16	東京・板橋区高島平区民館	ヨボセヨファミリーWS/スピーカー みらべる,ぼのぼの(戸井田ぱっきー主催)
	2.17~4.2	トーゴ	WIPトーゴへインターン/ぼのぼの
	3.9	東京・渋谷区	Vivファミリー「トーゴスペシャル」(猪山ゆきちゃん主宰) マチアス＆ちーちゃん，旺ちゃん＆はんなちゃん　祝！ご結婚
	3.23,24	大阪・岸和田	講演会・WS/講師 ベティ(北野エリンコ主催)
	4.26	東京・目黒区	トーゴ大使館独立記念日祝賀会（まりんしゃ,ぼのぼの,高橋久美・本部国際部 他）
	5.15	東京・ヒッポ本部	トーゴWS avecジュルスさん/ｽﾋﾟｰｶｰ ぼのぼの/司会 ベティ,まみ(シニアクラブ主催)
	8.4	横浜・みなとみらいワールドポーターズ	TICAD7「わくわくアフリカ×多言語でつながろう！フェスタ」/司会まりんしゃ,ラズ（ヒッポファミリークラブ主催）カメトゴメンバー、旺ちゃん,マチアス活躍
	9.10	東京・大田区矢口区民センター	ぷかんちファミリーWS準備（まみ主宰）/ハルさん、まりんしゃ
	9.20	成田	Dr.Mengnjo Jude Wirmvem（メンジさん),日本学生支援機構 による東海大学外国人研究者 として来日～3カ月滞在
	10.2	東京・大田区矢口区民センター	わくわく多言語講座(ぷかんちファミリー主催)/講師 ハルさん,まりんしゃ,メンジさん
	12.7	横浜・フクシア	「わくわくカメルーンavecメンジさん！」WS（まりんしゃ主催）
	12.10	全国	「愛しのカメルーン×トーゴ　19歳～73歳の多言語仲間16人のアフリカホームステイ発 見伝」企画;（一財)言語交流研究所ヒッポファミリークラブ、出版;遊行社

一般財団法人 言語交流研究所 事業概要

「ことばと人間」をテーマに、多言語の自然習得と多国間交流の実践を通じて、言語と人間の科学的探究を進め、国際間の理解と人類の共生に寄与することを目的としています。

1981 年 10 月に設立され、主に「多言語の自然習得（獲得）活動」、「国際交流活動」、「研究・開発活動」の３つの活動を柱とした「ヒッポファミリークラブ」（会員制）の運営を行っています。家族や地域の会員とともに、様々な国のことばを自然に身につけ、様々な人に出会い、ともに育つことのできる環境づくりに取り組んでいます。

2013 年１月に一般財団法人に移行しました。東京都渋谷区に本部を置き、いかなる政治、宗教的な団体とも関わりはありません。

主な活動内容

[多言語の自然習得活動]

・日常的な多言語活動〈ヒッポファミリークラブ〉の運営
・ことばについてのワークショップや体験会の実施
・実践に基づいたことばについての講演会やセミナー、講座などの実施
・研究員（フェロウ）の育成
・世界各国とのネットワークづくり

[国際交流活動]

・小学生から参加できる青少年ホームステイ交流や家族で参加できるホームステイ交流
・ホームステイしながら世界の学校へ通う海外高等学校交換留学・イヤロンプログラム
・青少年世代を中心とした世界各地での自然キャンプや多言語合宿
・大学生・社会人・シニア世代の海外・国内のインターンシップ〈WIP：World Internship Project〉、海外大学留学プログラム
・ホームステイ（１泊～長期）受け入れプログラム

[研究・開発活動]

・トランスナショナル カレッジ オブ レックスの研究活動
・各種フィールドワークの活動
・研究協力者による、オープン講座の企画・実施
・広報活動、機関紙・研究誌の発行、書籍の出版
・多言語マテリアルの企画・開発

本部：〒150-0002 東京都渋谷区渋谷 2-2-10 青山 H&A ビル 3 階
TEL：03-5467-7041（代）

ヒッポファミリークラブの多言語活動
〜Multilingual Natural Immersion〜

人間なら誰でも、環境の言語を「どんなことばでも」「いくつでも」自然に話せるようになる生得的な能力をもっています。世界を見わたすと、ヨーロッパやアフリカ、アジアにも多言語の国や地域がたくさんあります。そこで育った人は、誰でもまわりで話されているいくつものことばを難なく習得していきます。

ヒッポファミリークラブでは、それと同じプロセスで、いくつものことばを自然に身につけていく「多言語の環境」をつくりながら、家族や多世代の仲間と楽しむ活動を進めています。

多言語の多様な音の波に浸る

ヒッポオリジナルの多言語マテリアル（SD カード版 /CD 版）を使って、いろいろな言語が多重に、いつも聞こえてくる日常をつくります。音楽のように多言語のメロディーを楽しみます。

＊スペイン語・韓国語・英語・日本語・ドイツ語・中国語・フランス語・イタリア語・ロシア語・タイ語・マレーシア語・ポルトガル語・インドネシア語・広東語・アラビア語・ヒンディー語、台湾語・トルコ語・スウェーデン語・スワヒリ語・ベトナム語の現在21のことばで活動しています。

人に出会い、ことばを育てる

地域の活動の場〈ファミリー〉は、仲間が集まる多言語の公園です。先生はいません。クラス分けやテストもありません。0 歳からシニア年代まで、共通に聞いている多言語マテリアルを真ん中に、ことばを歌うように丸ごと取り込んでいきます。

また、ホームステイや受け入れの準備〜報告など、お互いの体験を交流して楽しみます。

どんなことばにも、どこの国の人にも、心を開くことを大切にするヒッポのホームステイ交流。

最初は小さなきっかけから、ひとつひとつ出会いを重ね、つくってきました。

海外には、約30の国や地域へ年間約1,500人が海を越え、新しい家族や友だちと出会う旅に出かけます。

国内では、120ヵ国以上から年間約5,000人がヒッポのメンバー家庭にホームステイにやってきて、お客さまではなく、家族の一員として過ごします。

仲間や家族と一緒に準備をして、いざホームステイへ！

交流後もヒッポファミリークラブなどで何度も報告し、ことばと心を育てていきます。

インターンシッププロジェクト
(WIP：World Internship Project)

大学生以上、社会人、シニア世代まで、数週間から1年にわたり、世界各国の地域社会にとけこみながら、現地での生活を楽しみます。

ホームステイ受け入れ

週末の1泊〜長期まで、海外からの留学生や技術研修生、ヒッポと交流のある各国からの青少年・家族のホームステイをメンバーの家庭に受け入れるプログラムです。

海外大学留学

アメリカ、カナダ、イギリス、オーストラリア、ニュージーランド他海外大学の柔軟性を活かし、自分の将来の可能性を広げるプログラム！

主なホームステイ受け入れ依頼団体
- 外務省　・内閣府
- 独立行政法人 国際協力機構（JICA）
- （財）海外産業人材育成協会（AOTS）
- （財）日本国際協力センター（JICE）

ほか、各都道府県・市町村の行政府、教育委員会、国際交流協会、諸団体、大学、学校、専門学校からのホームステイ依頼を全国各地域で受けています。

HIPPO Transnational Exchange
世界の人たちと出会おう ヒッポの国際交流

海外ホームステイ交流

家族交流
社会人やシニア世代、小さなお子さん連れでも参加できます。年末年始、ゴールデンウィークなどの約１週間〜２週間のプログラムです。

青少年交流
小学５年生から大学生までの感受性の豊かな時期に、世界に触れるチャンス。期間は春・夏休み中の約2週間〜１ヵ月。原則、各家庭にひとりずつホームステイします。

イヤーロングプログラム
海外高等学校交換留学
高校在学中の約１年間、ホームステイしながら現地の学校に通います。アメリカ、カナダ、フランス、ドイツ、スペイン、メキシコなど、留学先は毎年10ヵ国以上。

アジアンプロジェクト
多言語キャンプ、合宿
小学3年生から大学生年代が、中国、韓国、マレーシア、タイなどアジア各国の青少年と、国・文化の違いを越えて出会い、生活を共にします。多言語で友情を育むプログラムです。

Les aventures multilingues aux Cameroun×Togo
愛しのカメルーン×トーゴ
19歳〜73歳の多言語仲間16人のアフリカホームステイ発見伝

2019年12月10日　第1刷発行

企　画　　一般財団法人 言語交流研究所 ヒッポファミリークラブ
発行者　　本間 千枝子
発行所　　株式会社遊行社

イラスト　中表紙　山川 華奈
地図・国紹介・章扉　榊原 由希子
「虹」 島本 綾子
カラーフォトレイアウト
山川（木村）智華子　山川　華奈　大野 育美　清水 真美子
編集・多言語コーディネート
上斗米 正子

〒160-0008　東京都新宿区四谷三栄町5-5-1F
TEL　03-5361-3255　FAX　03-5361-1155
http://yugyosha.web.fc2.com/
印刷・製本　創栄図書印刷（株）

ISBN978-4-902443-50-9